농사가 재미있어서

지속 가능한
삶을 꿈꾸는
종합재미농장
이야기

농사가 재미있어서

권정화·김산옥
지음

목수책방
木水冊房

들어가는 글

2015년 도시에서 이대로 이렇게 살아도 괜찮을지 고민하며 일을 그만두고 유럽으로 여행을 다녀왔다. 여행 후 1년간 고민한 끝에 양평으로 이사했다. 집 옆에 밭이 딸려 있고, 전세 보증금도 다행히 우리가 가진 돈으로 낼 수 있는 수준이었다. 이 작은 농가는 적당한 크기에 낡았지만 크게 손볼 곳 없는 깨끗한 집이었다.

운 좋게도 여행 이야기를 엮어 《우리가 농부로 살 수 있을까》들녘라는 책을 냈고, 농사지은 것들을 마르쉐@라는 농부시장에 나가 팔게 되었다. 한 해 한 해 쉽지 않게 보냈지만 지역에서 일자리를 구했고, 여전히 농사지으며 살고 있다.

구체적인 계획은 없었지만 삶은 가고 싶다고 생각했던 방향으로 움직였다. 조금 움직인 것 같은데 가만히 들여다보면 눈이 핑핑 돌 정도로 정신없이 변화했고, 우리는 방향을 잃지 않기 위해 노력하고 있다.

여행 중 유럽의 여러 농가에서 농사일을 하는 일상을 경험하며 '농사지으며 사는 삶'을 꿈꾸었다. 6시간 노동과 저녁이 있는 삶. 내가 일군 땅에서 내가 키운 작물을 수확해 먹는 즐거움. 무언가 실재

하는 것을 만들어 내고 있다는 뿌듯함. 이런 것들을 바라며 시작한 삶은 해가 넘어갈 때까지 일을 하고, 주말에도 쉬지 못하며, 너무 바쁠 때는 라면으로 식사를 대충 때우기도 하는 모습으로 이어졌다. 게다가 더 자세히 알게 된 농산업과 농민들의 현실은 커다란 무기력함을 느끼게도 했다. 그래서 더더욱 질문을 계속 던지게 된다.

앞으로 계속, 우리는 농부로 살아갈 수 있을까.

"무슨 일 하세요?" 누군가와 만나 대화하다 보면 일상적으로 이런 질문이 나오기 마련이다. "양평에서 농사짓고 있습니다"라고 대답하면 딸려 오는 몇 가지 질문이 있다. "농사를 짓는다고요?", "무슨 농사 지으세요?", "몇 평이에요? 농사지어서 먹고살 만한가요?"

몇 년간 수없이 들은 똑같은 질문에 열심히 대답하며 살아왔다. '관행농'을 하지 않는 우리의 상황을 몇 가지 숫자로 표현하다가 부끄러움을 느낄 때도 있어 가끔은 우리가 비현실적인가 하는 자책도 하고, 다른 사람들의 말을 곱씹거나 내가 받은 상처를 가만히 들여다볼 때도 있다. '우리가 농부로 살 수 있을까'라는 질문의 답은 결국 '우리의 삶 자체'라는 생각을 하며 하루하루 살고 있지만, 여전히 '나는 농부인가? 농사란 무엇인가?' 같은, 우리가 선택한 삶을 돌아보는 질문이 점점 더 쌓여 가고 있기도 하다.

 힘들다고 칭얼대다가도 "그래도 그렇게 사는 게 좋아?"라는 질문을 들을 때면 "좋은 것도 있고 싫은 것도 있지만 좋은 게 더 커"라 답하고 있다. 제발, 좋은 게 언제나 더 크기를.

그저 '작은 농사'를 선택해 어떻게든 살아가고 있는 두 사람이지만 책이 나온 덕분에 고맙게도 여러 사람을 만날 기회를 얻었고 농사짓는 삶, 지역 이주, 우핑 여행 등 다양한 주제에 관해 이야기 나눌 수 있었다. 그렇게 지내다 지금은 어떻게 살고 있는지 또 한 번 책을 내 보면 어떻겠냐는 이야기를 들었다. 도시를 떠나 다른 삶의 방향을 설정하고 항상 고민과 생각이 많아 보이는 두 사람의 다음 이야기가 궁금하다고 말이다.

 책이 되어 나올 우리 이야기가 남들이 읽을 만한 것일지 고민이 많이 된다. 이렇게 살아가고 있다고 자랑도 조금 하고 싶고, 사람들이 무심코 던진 말에 이런 마음이 들기도 한다고 투정도 부려 보고 싶었다. 그리고 비슷한 고민을 하는 친구들에게 기운 내라고 위로와 응원의 말을 전하고 싶었다. 다 아는 척은 하지 말아야지 하고 조심하는 마음도 있다. 어떻게든 우리가 애초에 꿈꾸었던 '저쪽'으로 계속해서 가 보자고 둘이 다짐해 보고도 싶었다.

둘이 한 방향을 바라보며 살고 있지만 5년, 10년 장기 계획을 세우고 싶어 하는 신범과 인생 어떻게 풀릴지 모른다며 부딪치는 대로 헤쳐 나가며 살자고 하는 정화가 지금 당장 해야 되는 농사일을 하며 '종합적인 재미'를 만들어 가는 '종합재미농장' 이야기. 뜨거운 한낮의 햇살을 피해 농사일을 잠시 내려놓고 쌓여 있던 우리의 이야기를 지금부터 하나씩 풀어내 보려 한다.

2023년 여름, 종합재미농장에서 안정화와 김신범

들어가는 글

첫 번째 장
시골살이, 그냥 한번 해 보는 거지

시골살이를 시작하기까지 ─── 13
시골의 1년살이 ─── 23
    3월, 냉이와 꽃다지 | 4월, 들나물 | 5월, 질경이
    6월, 첫 수확, 완두 | 7월, 열매채소의 수확 | 8월, 토마토
    9월, 고구마 줄기 | 10월, 밤 | 11월, 고구마
    12월부터 이듬해 2월까지, 팥과 콩, 늙은 호박

절기마다 하이쿠 ─── 60

두 번째 장
농사지으며 살고 있어요

좋아? 좋아! ─── 77
비로소 농사 시작 ─── 80
농사를 짓는다고? 왜? ─── 84
무슨 농사? 어떤 농사! ─── 89
더 많이 심고 더 많이 거두면 안 되나? ─── 92
토종은 뭐가 다르지? ─── 97
기후 위기 시대, 농사는 어떻게 될까? ─── 104
다양성이 지키는 생존 ─── 109

세 번째 장
'지속 가능성'이라는 말

농사로 먹고살 수 있을까? ——— 119
임금노동자와 자영업 농민 사이 ——— 124
소비자와 만나는 곳, 농부시장 ——— 129
대화하는 농부시장 마르쉐@ ——— 131
사람과 씨앗이 만나는 곳, 두물뭍농장 ——— 138
"소비자이지만 식구입니다" 꾸러미의 시작 ——— 142
토종 씨앗과 '씨앗 만나는 날' ——— 148
당신의 삶은 지속 가능한가? ——— 154

네 번째 장
한 사람의 농부를 키우기 위해 필요한 것

인정받고 지지 받는 관계의 중요성 ——— 167
우리도 누군가에게 좋은 추억으로 남았으면 ——— 174
    땅을 소유하지 않는 농부, 우프
    각자의 삶에서 서로를 마주하는 자리, 마르쉐@농가행
비슷한 사람을 만나고 싶어, 지구학교 ——— 187
다시 봄을 맞이하며, 사진전 ——— 192

글을 마무리하며
우리는 농부일까? '농부'라는 단어를 생각한다

첫 번째 장

시골살이, 그냥 한번 해 보는 거지

어떻게 하면 나답게 살 수 있을까?
실패한다 해도 일단 한번 해 봐야 알 수 있는 답!

시골살이를 시작하기까지

성인이 되어 처음으로 직장에 취직한 후, 몇 년간 새로운 환경에 적응하기 위해 정말 열심히 살았다. 일을 배우고, 월급을 받아 저축을 하고, 새로운 사람들을 만나 적응하는 시간이었다. 신입일 때는 혼도 많이 났지만 어느 순간 인정받으며 계속해서 새롭게 마주치는 일에 빠져 있었다. 시간이 지나 일이 조금 익숙해지면서 보이지 않던 것들이 보이기 시작했다. 그간 돌보지 못한 몸이 여기저기 아팠고, 회사 근처에서 사 먹는 음식에 질려서 '건강한 음식'에 관심이 생겼다. 내가 만들어 내는 수북한 이면지를 보면서 나는 지금 무슨 일을 하고 있는 것일까, 하는 고민도 했다. 그런 생각을 하고 나서는 인터넷으로 이면지 재사용법을 알아보기도 하고, 종이나 자원을 아껴 쓰는 활동에 관심을 가지기도 했다. 건강한 먹을거리를 찾기 위해 지역 생협 회원으로 가입하고, 식당 음식 대신 단호박 같은 걸 기숙사 전자레인지에 익혀 먹기도 했다.

어느 날 문득 내가 하는 일이 실체가 없다는 생각이 들었다. '직업'으로 삼은 나의 일은 대부분 나에게 필요한 물건을 만들어 내는 일과 직접적인 상관이 없었다. 나의 삶을 유지시켜 주는 거의 모든 것은 이곳이 아닌 다른 어딘가에서 들여와야 한다. 그렇게 내게 필요한 것들을 외부에서 들여오려면 돈과 교환해야 한다. 결국은 소비로 거의 모든 것을 해결해야 하는 셈이다. 밥을 먹고, 집에서 자고 쉬며, 옷을 입고, 버스를 타는 등 나의 일상을 구성하는 행위 중 온전히 나 스스로 할 수 있는 일이 얼마나 될까. 돈을 벌기 위해 출퇴근을 하며 버스나 지하철 같은 교통수단을 이용하고, 집에서 쉬고 잘 때 전기와 수도, 난방 에너지 등을 사용한다. 옷은 누군가가 만들어 놓은 것을 선택해 구입하는 일밖에는 할 수 없고, 먹는 건 조리된 음식을 사 먹거나 식자재를 사서 해 먹는 정도의 선택이 가능하다. 서비스를 구입할 것인가 물건을 구입할 것인가, 정도의 차이랄까. 내가 선택할 수 있는 건 버스냐 지하철이냐, 짜장면이냐 짜장라면이냐 정도일 뿐이다.

　물론 그 안에서 노력은 했다. 쓰레기가 나오는 것은 가능한 한 덜 사고, 소비를 줄이고, 텀블러를 들고 다니고, 조금 더 나은 재료를 선택하거나, 조금 덜 가공된 먹을거리를 먹는다거나, 버려지는 이면지를 모아서 수첩을 만들어 쓴다거나. 그렇지만 이 정도로는 근본적인 변화를 이끌어 낸다는 느낌이 들지 않았다. 그러다 보니 언젠가 내가 필요한 걸 내가 직접 만드는 자급자족의 삶을 살아 보고 싶다는 꿈이 생겼다. 농사도 짓고, 음식도 다 해 먹고, 집도 짓고, 천도 짜고, 바느질도 하고. 직장 생활을 하며 남는 시간에 이런 자급자족에 필요한 기술을 하나씩 배워 보려 했지만, 기술을 배울수록 나 혼자 다 한다는 것은 불가능하다는 생각이 들었다. 혼자 살아 보려 하니 오히려 사람이 혼자 살아간다는 것은 터무니없는 일이라는 걸 깨닫게 된 셈이다. 이 과정을 거치며 언젠가 시골에 내려가서 농사 짓고 싶다는 생각을 하게 되었지만, 사실 그때만 해도 막연한 소망에 머물러 있었다.

삶에 대한 막연한 고민을 간직한 채로 회사를 다니다가 한 걸음씩 내가 원하는 방향을 향해 움직이게 된 것은 이야기가 통하고 삶의 방향성이 같은 짝꿍을 만난 덕분이었다. 2015년, 신범과 나는 서울 생활을 잠시 접고 유럽으로 여행을 다녀왔다. 독일, 덴마크, 영국 등을 여행하는 동안 우리는 여러 방식의 농사짓는 삶을 만나 볼 수 있었다. 자세한 여행 이야기는 《우리가 농부로 살 수 있을까》에 실려 있다.

처음에는 독일에서 시민들이 만들어 낸 도심 속 작은 공동체 텃밭을 둘러보았고, 그다음에는 덴마크로 가 대규모 농사를 짓는 공동체에서 두 달 정도 지냈고, 마지막에는 영국으로 건너가 가족이 운영하는 아주 작은 농장 몇 군데에서 머물렀다. 덕분에 시민운동 차원으로 자원봉사자들과 운영하는 도시 텃밭, 판매를 위해 한 가지 작물을 수천, 수만 제곱미터 규모로 심는 농사, 가족끼리 자급자족을 위한 농사를 짓는 작은 농장을 모두 경험해 볼 수 있었다. 우리가 경험한 모든 농장이 다 유기농 organic farming으로 농사를 짓고 있었지만 유기농이라는 범주에도 여러 차이가 존재했다. 덕분에 다양한 농장을 경험하며 우리가 원하는 농사의 형태가 어떤 것인지 생각해 볼 수 있었다.

덴마크의 스반홀름은 코펜하겐 근처에 위치한 공동체로 친환경 농사를 짓는 작은 마을이다. 스반홀름은 사람이 직접 많은 일을 하지만 몇 가지 기계도 같이 사용하는 방식으로 한 작물을 심고 거두는 규모가 꽤 큰 곳이었다. 경작 규모가 컸기 때문에 생산한 농산물을 공동체 내에서 소비하는 것 외에도 외부 소비자를 대상으로 꾸러미 비슷한 방식의 판매도 하고, 대량 출하도 하고 있었다.

처음 그곳에 도착했을 때 일주일간 몇만 개의 양파 모종을 심었다. 한 달쯤 지났을까. 양파밭에서 풀을 뽑다가 중간중간 자라고 있는 감자를 발견했다. 감자는 작년에 이 밭에 심은 작물인데, 수확 후 땅속에 남아 있던 감자들이 올해 다시 올라온 것이라 했다. 감자는 충분히 큰 열매를 달고 있어도 올해의 작물이 아니기 때문에 잡초 취급을 받으며 뽑혀 나갔다. 농장에서 봄에 주로 수확하는 작물은 아스파라거스였는데, 한창 수확하는 시기에는 열 명이 넘는 작업자가 매일 아침 두세 시간 정도 아스파라거스를 수확했다. 주말이라고 아스파라거스가 자라지 않는 것은 아니니 주말 추가 작업 자원자를 받아 일을 진행했다. 이렇게 매일매일 손이 가야 하는 수확의 계절은 두 달 정도 이어졌다.

넓고 평평한 농장의 흙은 트랙터로 곱게 갈아 보드랍고 작물을 심기도 쉬웠지만, 바람이 세게 불면 눈을 뜰 수 없을 정도로 흙먼지가 날리곤 했다. 여럿이 함께 일하는 건 새로운 즐거움이었지만 동일한 작업을 오랜 시간 반복해야 한다거나, 기계와 다른 사람의 속도에 맞추어 일해야 하는 것은 쉽지 않았다. 수확할 때 상품성이 떨어진다는 이유로 버려지는 콜라비며 갈라진 래디시를 볼 때도, 기계 속도에 맞추느라 마음에 들지 않는 작업을 해야 할 때도 어딘가 불편했다. 그래도 작업을 담당하는 공동체 멤버에게 내가 느끼는 불편함을 이야기했을 때 '네가 뭘 알아!'라는 고압적인 태도가 아니라 담백하게 합리적으로 자신의 입장을 설명해 주어서 동료 관계에 대한 긍정적인 기억을 만들 수 있었다.

스반홀름에서 두 달 정도 보낸 후에는 영국에서 우핑 175쪽 참조을 했다. 큰 농장을 경험해 보았으니 우핑을 하면서 소농이나 가족농을 만나 보기로 했다. 우리가 만난 호스트 농부들은 판매보다는 자급자족을 위한 '작은 농사'를 지으며 환경과 자기 자신과의 관계를 조금 더 밀접하게 만들어 가고 있었다. 작물을 키우는 두둑은 흙이 드러나지 않도록 땅을 항상 풀이나 녹비작물, 덮개나 부엽토 등으로 덮어 두었다. 토양 속 생태계가 유지될 수 있도록 기계로 땅을 갈지 않았고, 사람이 계속 밟으면 땅이 단단하게 다져지니 통로가 아닌 곳은 최대한 밟지 않으려 신경 썼다. 제초제나 살충제를 쓰지 않는 것은 물론이고 야생화나 벌이 좋아하는 식물을 밭 중간에 함께 키워서 벌레와 함께하는 농사를 짓고 있었다. 함께심기나 돌려짓기를 위한 작물 조합을 만들고, 작물 잔여물로 퇴비를 직접 만들 뿐만 아니라, 빗물이나 집에서 사용한 허드렛물을 다시 사용할 수 있도록 '순환 구조'를 만드는 삶이었다. 그들은 농사뿐만 아니라 집 냉난방 에너지까지 순환 구조를 만들려고 노력하는 대단한 사람들이었지만 '작은 농장'으로는 경제적 자립이 어려운지라 근처 마을에서 주 4일 임금노동을 하거나 헛간을 개조해 에어비앤비같이 임대할 수 있는 공간으로 만드는 등의 방법을 모색하기도 했다.

큰 농장과 작은 농장의 시스템을 접하면서 농사에 대해 내가 가지고 있는 환상을 깨닫고 내가 하고 싶은 농사일이 무엇인지 생각해 볼 수 있었다. 농장 일은 생각보다 목가적이거나 아름답지만은 않았고, 단순 반복 작업이 꽤 많았다. 그리고 나는 그런 일을 너무 많이 하고 싶지 않다는 사실을 깨달았다. 내 밭 어디에 무엇이 자라는지 잘 알 수 있고, 내 손이 다 닿을 수 있는 규모의 농사를 짓고 싶었다. 이렇게 내가 꾸리고 싶은 삶을 조금씩 그려 보았다. 우리는 둘 다 환경문제에 관심이 많고 내 삶 안에서 무언가를 바꾸어 내겠다는 의지가 있는 사람이라 농사를 짓는다면 그러한 문제의식을 모두 담은 농사를 짓고 싶다는 생각을 하고 있었다.

    돌이켜 보면 우리와 어떤 흐름이 만났던 것인지도 모르겠다. 여행 직전 후쿠오카 마사노부의 《짚 한 오라기의 혁명》이라는 책을 만나고 '자연농'을 알게 된 것도 우리 생각을 더 구체화하는 데 영향을 주었다. 어쩌다 그 책을 여행 가방에 넣어 가게 된 것일까.

농사라고 하면 머릿속에 떠오르는 그림은 무엇일까. 농사를 지으려면 기계로 땅을 갈고 퇴비를 넣고 물을 주어야 한다. 풀은 작물의 경쟁 상대이니 깨끗이 제거해야 한다. 벌레는 작물에 피해를 주는 나쁜 놈이다. 도시 텃밭을 시작하며 만난 사람들과 읽은 여러 텃밭 책이 동일하게 이야기하는 농사 상식이다. 사람의 도움이 없으면 작물이 잘 클 수 없다. 이런 것들은 업으로나 취미로나 농사를 짓는 사람이라면 당연하다 생각하는 몇 가지 상식이다.

    그러나 이 책은 무엇을 더 하는 것이 아니라 하지 말아야 하는 일이 무엇인지 생각해 보는 농사를 이야기한다. 하는 것보다는 하지 않는 것을 먼저 이야기하는 농사 책이라니! 책에서는 농사지을 때 땅을 갈지 않고, 비료를 쓰지 않고, 농약을 쓰지 않는다고 했다. 자연이 만들어 내는 균형에 인간이 손대지 않아야 한다는 이야기였다. 이런 농사 이야기는 생소했다. 게다가 풀은 생겨날 이유가 있기에 돋아나는 것이므로 인위적으로 대규모 제초를 하지 않는다고 했다. 우리가 알고 있던 상식을 부정하는 이야기가 신기하기도 어색하기도 했지만 우리가 고민해 오던 농사와 맞닿는 부분이 있었다.

우리도 처음부터 농사를 꿈꾼 것은 아니었다. 도시에서 직장에 다니다가 무언가 다른 삶에 대한 욕구가 생겼고, 우연히 텃밭 농사를 접하고 거기서 즐거움을 느끼며 농사짓는 삶을 바라게 되었다.

도시에 살면서 사람들이 만들어 내는 오염과 쓰레기를 비판적인 시각으로 바라보았기에 처음에는 시골에서 농사짓는 것이 매우 자연 친화적이고 이상적인 삶의 방식으로 보였다. 하지만 농사 공부를 하다 보니 현실의 농업에는 우리가 미처 모르고 있던 문제점이 많이 존재하고 있었다. 화학비료와 농약, 농기계의 발명이 농부의 수고를 줄여 주긴 했지만, 결국 이 때문에 농부가 경작할 수 있는 농지의 규모가 커지고 필요한 농부의 수가 줄어들었다. 기계가 많이 사용되고 화학약품이 무분별하게 땅에 뿌려지며 농사가 오히려 환경에 해를 끼치는 경우도 있다. 최근에는 각종 농자재에 들어 있는 플라스틱 때문에 일어나는 토양오염 문제가 대두되고 있으며, 커다란 기계로 대규모의 땅을 갈아서 생기는 흙먼지나 토양 유실 같은 문제도 이야기되고 있다.

여행하면서 다양한 농부의 모습을 접한 우리는 우리가 바라는 농사의 모습을 조금씩 정리할 수 있었다. 자연에 해를 끼치지 않는 농사, 자연의 흐름에 맞추어 최대한 인위적인 영향을 배제한 농사, 돈이나 화석에너지가 적게 들고 우리 둘의 손으로 해낼 수 있는 농사, 내 밭에서 자라는 것이 무엇인지 알 수 있는 규모의 농사였다.

여행에서 돌아와 지방으로 이주할 결심을 하고 전국귀농운동본부의 생태귀농학교 강의를 들었다. 강의를 들으며 생태적 농업에 관해 배웠을 뿐만 아니라, 귀농한 사람들의 다양한 사례를 접하며 귀농한 사람이 지역 원주민과 겪을 수 있는 여러 갈등 같은 실질적인 이야기도 많이 들을 수 있었다. 강의는 전반적인 상황을 알기에 좋았고 귀농 선배들을 찾아가 인맥도 만들고 실제 농사 체험도 해 볼 수 있었다. 하지만 수업을 들으면서도 어느 지역으로 갈지 결정할 수 없었다. 일단 농사는 생태적인 방식으로 하고 싶었고, 막연히 외롭지 않게 대화가 통하는 사람들이 주변에 있으면 좋겠다는 생각을 했다. 귀농학교에서 만난 사람들에게 이 동네로 이사 온 이유를 물어보기도 하며 고민에 고민을 거듭했다. 그렇게 논산, 상주, 괴산, 장흥, 홍성 등 유기농을 하는 귀농인이 자리 잡고 있는 지역을 1년 정도 여유를 가지고 둘러보았다. 동네는 마음에 들었지만 원래 살던 지역에서 너무 멀어서 마음이 가지 않는 곳도 있었고, 열심히 찾아갔지만 마음만큼 둘러보기 어려운 동네도 있었다. 조금 웃긴 이야기지만 집 앞에 보이는 지평선이 낯설어 마음이 가지 않는 곳도 있었고, 지역은 마음에 들었지만 사람들이 많이 몰리는 곳이라 이사 갈 집을 찾기 어려운 지역도 있었다.

시간은 점점 흘러가고 고민이 많아지다 보니 생각의 무게에 눌려 결정하기가 더 어려워졌다. 그러던 차에 한 농부님이 SNS에 집을 내놓았다고 올린 것을 보았다. 이사를 가게 되어 자신이 살던 전셋집에 들어올 새로운 세입자를 구하고 있었던 것이다. 멀쩡해 보이는 집과 집 옆에 있는 적당한 크기의 밭, 감당 가능한 수준의 전세금까지. 양평이라는 지역은 워낙 비싸다는 말을 들어 생각도 하지 않았는데 집과 밭의 위치와 규모가 딱 적당했고 신범과 나, 양쪽 부모님 집의 중간쯤 되는 위치라는 것도 마음을 끄는 요소였다. 집 근처 카셰어링 서비스를 이용해 차를 빌렸다. 집을 보러 가는 길은 예상보다 멀었다. 차가 없다면 다니기 어려울 것 같은 시골길을 찾아 들어가 서울에서 전셋집 둘러보듯 물이 잘 나오는지, 방에 곰팡이는 없는지 살펴보았다. 집 바로 밖에 붙어 있는 밭도 함께 살펴보고 돌아왔다. 마음에는 들었지만 자신이 없어 결정을 보류했다. 몇 달 동안 고민한 끝에 한 번 더 그 집에 다녀온 후 이사하기로 결정했다.

사실 이사를 결심하고 지역을 결정하기까지 긴 시간이 걸린 이유는 수업에서 들은, 귀농인과 지역 주민 사이에 나타날 수 있는 갈등 이야기에 겁을 먹은 탓도 크다. 신범과 나는 둘 다 살가운 성격이 아닌지라 낯선 동네에서 낯선 어르신들과 잘 지낼 자신이 없었다. 반갑게 인사 드리는 건 잘할 수 있지만 짝꿍과의 거리도 중요한 내게 낯선 어르신들과의 거리감을 조절할 수 없을 거라는 이야기는 큰 부담이었다. 여러 번 대화를 나눈 끝에 우리는 인사는 열심히 하고, 첫인사로 집집마다 이사 떡은 돌리되, 마을 일에는 깊이 참여하지 않는 정도로 거리를 유지하기로 결정했다.

지금에 와 생각해 보면 그것은 우리 의지만으로 되는 일은 아니었다. 다행히 우리 이전에 살던 사람도 원래 마을 주민이 아니었고, 동네 사람들이 외지인이 사는 집이라 생각해 굳이 우리와 아주 가까이 지내려 하지 않았기 때문에 어느 정도 거리 두기가 가능했다. 또 우리가 기존 관행농 시스템을 이용하지 않는 형태의 농사를 지었기에 가능한 일이기도 했다. 우리는 일반적인 농업 관련 시스템을 적용하는 농가가 받을 수 있는 지원을 염두에 두지 않았고, 그에 따라 마을의 인맥이나 이장님의 도움이 필요할 만큼 큰 일이 없었기 때문에 원하는 만큼 거리를 둘 수 있었다고 생각한다.

우리는 꽤 이것저것 알아보고 준비했다고 생각했지만 아는 것과 모르는 것이 뒤범벅된 상태였다. 하지만 뭘 더 알았다고 더 잘 준비했을까 싶기는 하다. 그냥 살면서 만난 순간순간에 최선을 다하는 것이 우리의 다음 시간을 만들어 가기 위한 양분이라 생각할 수밖에. 그래서 종종 이야기한다. 우리는 뭘 모르는지 모른다고.

시골의 1년살이

추우면 추운 대로, 더우면 더운 대로, 이상하면 이상한 대로
우리에게 주어지는 것을 사랑하려 노력한다.
가끔은 실패할 때도 있지만.

3월, 냉이와 꽃다지

냉이. 밭에 자생하는 두해살이풀. 봄이 제철인 줄 알았는데 사실은 겨울 끝 무렵부터 초봄이 제철이다. 따뜻한 봄이 되면 하늘하늘한 꽃대를 올리고, 하얀 꽃을 피워 밭을 꽃으로 가득 채운다. 주로 된장국을 끓여 먹지만 페스토를 만들거나 오일 파스타에 넣어도 맛있다. 가끔은 장아찌를 담그거나 잘 말려서 차로 마시기도 한다.
꽃다지는 깨끗이 씻어 초고추장에 살짝 양념해서 먹을 수 있다. 인상적인 맛이 있는 건 아니지만 겨우내 느끼기 어려웠던 아삭아삭한 식감을 맛볼 수 있다.

2017년 3월 1일. 서울을 떠나 양평으로 이사한 날이다. 특별한 이유 없이 그냥 고른 날짜지만 우리는 삼일절을 우리가 도시에서 독립한

기념비적인 날로 삼기로 했다. 우연히 알게 된 양평의 전셋집을 신이 나서 보고 왔지만 막상 서울을 떠난다 생각하니 우리 인생이 갑자기 너무 크게 변화를 겪는 것 같아 두려운 마음이 컸다. 고민만 반복하던 내가 선택할 수 있도록 도와준 건 신범이 담담하게 건넨 말이었다.

"어차피 서울에 살아도 2년마다 전셋집을 옮길 수도 있으니 그런 마음으로 가볍게 내려가서 살아 보자. 또다시 도시로 이사할 수도 있는 거니까 이런저런 가능성을 모두 열어 두고, 너무 부담 갖지 말고."

아직 봄이라기에는 추운 3월 초. 설레는 마음으로 도착한 새집에서 이삿짐을 내리는데 우리가 쓰기로 한 집 옆 밭에 누가 들어와 있었다. 순간 '누구지? 이 밭이 우리 밭이 아닌가?, 사기라도 당한 건가?' 별의별 생각이 다 들었다. 집 옆에 밭을 쓸 수 있어서 일부러 이 집을 택해 이사 온 것이기에 이 밭은 우리 밭이 틀림없다고 마음을 다잡고 비장한 마음으로 다가가 인사 드렸다. "안녕하세요? 저는 오늘 새로 이사 온 사람인데요" 하고 밝게 인사를 건네고 무얼 하시는지 여쭈어 보니 가까이에 살고 있는 동네 사람이고 냉이를 캐고 있다는 답이 돌아왔다. 5분 정도 이야기를 나누었을까. 나는 그분이 이 동네에 살고 있고 냉이를 캐는 중이라는 것만 파악했는데, 어르신은 우리가 어디서 이사 오고 식구가 몇 명이고 전세 보증금이 얼마인지까지 알아냈다. 말을 할수록 내가 손해 보는 것 같아 슬며시 집으로 돌아왔다. 이삿짐을 내리고 정리하는 동안 어르신은 커다란 자루 하나를 거의 다 채우고 있었다. 슬쩍 다가가서 붙임성 있게 "많이 캐셨네요! 저희 먹을 것도 좀 남겨 주세요"라고 하니 "여기 밭에 냉이 많은데, 뭘"이라는 답이 돌아와 머쓱하니 웃고 다시 집으로 들어왔다. 이렇게 도시 촌것의 시골살이가 시작되었다.

농사를 짓겠다고 집 옆에 밭이 딸린 곳을 찾아서 이사했지만 귀농한 사람들의 이야기는 농업 소득만으로는 먹고살기 힘들다는 것이었고, 정부의 통계 수치가 보여 주는 농부의 현실도 농업 외 소득이 필요하다는 사실이 너무나 분명했다. 그래서 우리는 고민 끝에 한 명이 농사를 맡고, 한 명은 정기적인 소득이 들어오는 일을 하기로 했다. 둘 중 누가 농사를 지을까 이야기하다가 "너 혼자 농사지을 수 있겠어?"라는 신범의 물음에 바로 내가 직업을 구하기로 마음먹었다. 이사 오기 전에 양평 지역 일자리를 검색해서 지원하고 면접을 보았는데 결과가 좋아서 이사 다음 날인 3월 2일부터 출근을 하게 되었다.

새로 구한 일자리는 우리 집과 지도상으로 20여 킬로미터 떨어진 곳에 있었다. 당연히 대중교통이 있으리라 생각했는데 아무리 검색해도 버스를 찾기 어려웠다. 일단 신범이 태워다 주어서 첫 출근을 했다. 같이 일하는 분들에게 물어봐서 군청 홈페이지에 올라온 버스 시간표를 알아냈고, 어찌어찌 버스가 오는 것을 확인할 수 있는 경기버스 앱도 알게 되었다. 하지만 집 근처를 지나는 모든 버스는 양평읍으로 향할 뿐 직장이 있는 동네로는 가지 않았다. 자가용으로 20분이면 가는 곳인데 버스 한 번으로는 도저히 갈 수 없었다. 심지어 우리 집에서 10분 정도 걸어가야 있는 마을회관 앞에 출근 시간에 오는 버스는 7시 10분, 20분 단 두 대뿐. 운전면허가 없는 나는 신범이 차로 데려다 주어야 출퇴근이 가능한 곳에 이사 온 것이었다.

도시에는 대중교통이 잘되어 있어 자가용은 물론 운전면허가 없어도 불편함이 전혀 없다. 그런 도시의 삶에 얼마나 익숙해져 있었는지 깨달았다. 사람 사는 동네도 멀찍멀찍 떨어져 있고 가게도 일터도 가깝지 않은 시골의 삶. 젊은 사람들은 모두 직접 자동차를 운전하고 다녀서 버스를 타는 사람은 어르신이나 교복 입은 학생이 대부분이었다. 수요가 있어야 공급이 늘어나는 법이니 나라도 버스를 열심히 타면 버스 노선이나 배차 간격에 영향을 줄 수 있지 않을까. 희망차게 생각하다가도 버스 타는 일이 너무 불편해서 운전면허를 꼭 따야겠다는 생각을 하게 된다.

대중교통 수요는 있지만 공급되는 서비스가 충분하지 않으니 불편을 느끼는 사람 중 자가용 운전이 가능한 사람들은 서비스망에서 이탈해 버리고 대중교통 말고 다른 선택을 할 수 없는 사람들만 남는다. 그러면 이용객이 없다며 배차 간격이나 노선 수 등이 점점 줄어드는 악순환이 일어나고야 만다. 이런 상황에 놓인 시골의 공공 서비스가 대중교통뿐일까. 숫자의 플러스 마이너스를 따지다 보면 결국 없애는 게 답일 수밖에 없다. 공공 서비스의 의미는 무엇일까? 규모의 경제가 적용되지 않아 마이너스 숫자로 계산되어 버리는 사람들의 삶은 어디로 향하는 것일까?

이사한 후 맞이한 첫 주말에는 친구들이 서울에서 내려와 집 정리를 도와주었다. 짐을 풀고, 상자를 정리하고, 방 청소를 하고, 유리창을 닦고, 읍내에서 사 온 커다란 고무 대야에 이불을 넣고 발로 밟아 빨았다. 서울에서 살던 곳 근처에는 코인세탁소가 있어 커다란 세탁기가 필요 없었기 때문에 우리가 가지고 있는 세탁기는 원룸 베란다에 들어가는 초소형이었다. 예전에는 주방도 난방도 모두 도시가스와 연결되어 있었지만 이제는 LPG가 떨어지면 직접 전화해서 주문해야 했다. 놀러 오는 친구들이 집들이 선물로 뭐 사 줄까 하고 묻는 말에 가스 떨어지면 쓰게 주방용 전기 가열 기구를 사 달라고 했다. 연결되어 있지 않다는 불안감. 이제까지 생각해 본 적도 느껴 본 적도 없는 불편한 감정이었다.

4월, 들나물

산나물이라는 말은 익숙한데 들나물이라는 말은 농사를 지으면서 알게 되었다. 산보다 들에 봄이 빨리 와서 4월에는 들판에 자라는 들나물을 먹고 5월에 좀 더 따뜻해지면 산에서 나는 산나물을 먹는다는 것도, 들나물은 풀인데 산나물은 나무의 새싹인 경우가 많다는 것도 이전에는 잘 몰랐다. 들나물 중 제일 알아보기 쉽고 먹기 쉬운 것은 달래와 민들레다. 달래는 양념간장을 만들어 먹고, 많을 때는 돌돌 감아 장아찌를 담가 보기도 한다. 민들레는 잎으로 샐러드를 하거나 김치를 담가도 맛있다. 봄날 밥상의 쌉싸래한 맛을 담당하는 일등 공신이다. 4월부터 몇 달간 계속 만날 수 있는 풀은 개망초. 어린잎을 데쳐 말려 묵나물로 만들어 두었다가 먹는다. 어느 순간 밭에 보라색 제비꽃이 피면 따다가 샐러드나 비빔밥에 올려 먹기도 한다.

  3월에 이사 온 후 집 주변의 나무 가지치기를 하고, 둘레의 쓰레기를 정리하고, 밭에 나는 나물을 뜯어 먹기도 하며 밭과 조금씩 친해지고 있었다. 날씨가 좋은 주말이면 친구들이 놀러 와 함께 나물도 캐고, 밭 정리도 도와주었다. 점점 날이 따뜻해지며 어느새 4월이 왔다. 슬슬 봄 농사를 준비할 때가 되었다는 걸 느꼈다. 무얼 할지 결정하기에 앞서 우리는 어떤 농사를 지을지 다시 생각해 보았다.
  여행을 하면서 '자연농'을 주제로 한 책 《짚 한 오라기의 혁명》을 읽었고, 그때 마침 영어 버전으로 개봉한 다큐멘터리 〈Final Straw〉 패트릭 라이든과 강수희가 연출한 자연농에 관한 다큐멘터리. finalstraw.org에서 유료로 관람할 수 있다를 우프 호스트들과 함께 보았다. 화면으로 너무나도 아름다운 자연농 밭을 볼 수 있었지만 아름답게만 그려진 그 모습이 비현실적으로 느껴지는 부분도 분명 있었다. 그럼에도 '자연농'이라 불리는 농사를 한번 해 보고 싶었다. 기계를 써서 땅을 갈지 않고, 농약이나 화학비료, 제초제를 쓰지 않는 농사. 땅에 큰 영향을 주지 않고, 땅에 있는 다양한 곤충·미생물과 함께 살아갈 수 있는 농사, 다양하게 키우고 내가 키운 것을 내가 먹는 농사 말이다. 어차피 당장 농사로 돈을 벌겠다는 생각은 없었고, 이 땅에 관해 잘 모르니 일단 여러 가지를 심어 여기서 무엇이 잘 크는지도 확인해 보아야겠다고 생각했다.

그래서 내게 필요한 걸 직접 키우는 자급자족 농사를 짓기 위해서는 무엇을 심을지에 관한 결정도 좀 다른 방식으로 접근해야 한다고 생각했다. 그래서 1년 동안 우리가 주로 어떤 음식을 해 먹었고, 앞으로 무엇이 먹고 싶은지, 무엇이 꼭 필요한지 이야기를 나누었다. 그렇게 정한 작물의 이름을 쭉 적어 놓고, 각각의 작물을 언제 심어야 하고, 언제 수확하는지 텃밭 관련 책을 찾아가며 기록하고 서로 옆에 심으면 좋거나 함께 심으면 좋지 않은 작물을 확인해서 배치해 보았다. 기계를 쓰지 않기로 했기 때문에 지금의 밭 모양에서 많이 달라지지 않을 것이라 예상하고 종이 위에 두둑의 모양을 그렸다. 그리고 작물 이름을 하나하나 써넣었다. 그렇게 1년을 함께 할 밭 지도를 만들었다. 도시 텃밭에서 우리가 직접 키우고 씨앗을 받아 온 작물, 지난해에 샀지만 아직 다 쓰지 못해 남은 씨앗, 그리고 새로 사야 할 씨앗과 모종을 정리해서 확인하고 첫 번째 농사를 시작했다.

씨앗을 심고 작물을 키우면서 《가와구치 요시카즈의 자연농 교실》이라는 책을 많이 참고했다. 앞서 말한 《짚 한 오라기의 혁명》이 철학 책에 가깝다면 《가와구치 요시카즈의 자연농 교실》은 실제 작업과 작물 키우는 법을 소개한 교본 같은 책이었다. 그렇게 둘이 책을 읽고 고민해 가며 씨앗을 심기 시작했다.

꿈꿔 오던 농사를 짓기에 딱 적당한 약 1000제곱미터 규모의 밭과 바로 옆에 있는 집, 적당한 금액의 전세 보증금은 우리가 새로운 삶을 시도해 볼 수 있는 최적의 조건이었다. 하지만 친구도 친척도 아는 사람도 없는 동네에서 이런 농사를 시작하게 될 줄이야.

5월, 질경이

질경이는 사람의 발이 닿는 곳에 많이 자라는 여러해살이풀이다. 사람이 다니는 걸음걸음 질경이가 자란다고도 하는데, 알고 보니 씨앗이 발에 달라붙어 옮겨지는 것이라고 한다. 처음 이사 왔을 때 밭 한편에 조금 자라고 있던 질경이는 어느새 밭고랑 이곳저곳에 퍼졌다. 그만큼 우리가 엄청 열심히 걸어 다녔나? 그런 실없는 생각도 해 보았다.

질경이의 여린 잎으로는 나물밥을 해 먹는데, 압력솥에 밥을 지을 때 쌀 위에 그냥 생잎을 잔뜩 얹는다. 밥이 다 되면 양념간장에 버무려 먹는다. 특별한 맛이 있는 것은 아니지만 봄 별미로 종종 해 먹는다. 비슷하게 뽕잎밥도 해 먹을 수 있다. 뽕잎밥은 구수한 맛이 난다. 질경이로 나물 무침도 해 보고, 된장국도 끓여 보았지만, 질경이라는 이름에 어울리게 질긴 식감이 있어 우리는 나물밥으로 먹는 걸 제일 좋아한다.

5월은 노지 농사가 시작되는 때다. 4월에 심은 씨앗들의 싹이 올라오는 시기이기도 하고, 안심하고 토마토·고추·가지 같은 열매채소 모종을 밭에 내다 심을 때다. 처음에는 모종 키우는 것도 잘 몰라 필요한 모종을 사러 읍내에 나갔다. 5일장이 열리는 곳 근처에 초봄부터 길가에 좌판을 펴는 모종상이 있고, 꽤 큰 농자재상에서도 다양한 모종을 팔고 있었다. 서울에서 텃밭을 할 때 5월 5일이 지나 모종을 밭에 심으라는 말을 많이 들었는데, 여기서는 모종을 4월부터 팔고 있었다. 지금 고추나 토마토를 심으면 늦시리에 죽지 않나 하는 의문이 들었지만, 이런 모종은 대부분 비닐하우스를 하는 사람을 대상으로 하는 것이었다.

땅을 갈지 않고, 비료나 농약을 쓰지 않고, 풀과 벌레를 적으로 돌리지 않는 농사, 자연과 함께하는 농사를 꿈꾸었다. 가지고 있던 몇 종류의 토종 씨앗을 밭에 뿌리고, 시장에서 씨앗과 모종을 사서 심었다. 자연의 균형에 인위적으로 손대면 안 된다는 생각에 퇴비도 거의 안 주고, 물도 따로 안 주고 키웠다. 작물 주변의 풀만 열심히 베어 주었다. 자연스럽다고 넘기기에 봄 가뭄이 너무 심했고, 작물들은 한동안 크지 못하고 멈추어 있었다.

한 해 한 해 농사를 반복하며 보니 가게에서 사 온 튼튼해 보이는 모종이 오히려 우리 밭에 적응하지 못한다는 생각이 들었다. 판매되는 모종 입장에서는 어릴 때 비닐하우스라는 따뜻한 곳에서 물도 영양도 많이 먹고 열심히 크게 자랄 수 있었는데, 우리 땅에서는 여태 살아온 것과 다르게 모든 것이 부족한 환경에서 애를 쓰며 살아야 했다. 맨땅에서 비와 바람에도 적응해야 하고 먹을 것도 잘 안 주는 농부를 만나 풀과 경쟁도 해야 하니 얼마나 힘들까.

모종도 우리도 서로에게 적응하려 고군분투하는 와중에 거름이 적은 땅에서는 개량종보다 토종 씨앗이 잘 자란다는 이야기를 들었다. 이 밭에서 자라고 그중 실하게 자란 열매를 남겨 씨앗을 받으면 이 땅과 이 농사법에 적응한 개체가 살아남는다는 이야기였다. 그래서 '토종이 자란다 토종을 키우고 씨앗을 나누는 느슨한 농사 공동체. 전업농과 도시농부, 연구자 등 다양한 사람이 함께 활동하고 있다. 2014년부터 씨앗 나눔을 하고 있는 김혜영 농부의 주도로 시작되어 농부시장 마르쉐@와 함께하는 씨앗나눔과 농한기 공부모임을 통해 서로 농사 이야기를 나누고 씨앗 받는 법과 채종한 씨앗도 나누고 있다'라는 모임에서 씨앗을 조금씩 나누어 받았다. 해마다 씨앗 나눔 행사에 참가해 우리에게 필요한 네댓 가지 씨앗을 받아 심었다. 새로 심은 것 중 자라는 모양이 괜찮고, 수확이 어느 정도 가능하고, 우리 식생활에 잘 활용할 수 있는 작물은 씨앗을 받아 다시 심는다. 단번에 가짓수를 늘리기보다 우리가 감당할 수 있는 수준에서 조금씩 시도해 보고 있다. 가끔은 영 안 맞는구나 싶은 작물도 있고, 한 해가 지나면 자라는 모양이 좀 더 나아지는 작물도 있다. 씨앗을 심고, 자라는 걸 도와주고 지켜보며, 시간을 들여 천천히 수확하는 시기나 키우는 방법을 배우고 있다. 우리도 작물도 서로에게 적응하는 시간을 가지며 우리가 추구하는 농사법에 맞는 작물을 조금씩 찾아 가는 중이다.

우리만 변하는 게 아니다. 밭도 조금씩 변하고 있다. 풀은 뽑지 않고 톱낫으로 베어 낸다. 흙과 맞닿은 부분을 자르는데, 뿌리는 그대로 남겨 두고 베어 낸 윗부분을 그 자리에 덮어 준다. 한해살이풀은 대부분 베어 내면 곱게 사그라드는데 뿌리로 번지는 쑥이 점점 기세 좋게 올라왔다. 한쪽 구석에서부터 녀석들이 야금야금 자기 영역을 늘려 가고 있는데 막을 수가 없다. 먹을 수 있는 풀이니 먹을 수 있는 만큼 열심히 먹는 수밖에. 그래도 조금 걱정이 되기는 한다. 우리가 이사 오기 전 이곳에 살던 농부님이 여기는 비름과 쇠비름이 많은 밭이라고 했다. 밭에 쑥은 없었다고 했는데, 풀을 베어 내며 몇 년이 흐르고 나니 이사 온 첫해에 많이 보이던 비름과 쇠비름은 거의 보이지 않는다. 냉이와 꽃다지는 여전히 지천이지만 그다음에 나오는 풀들은 조금씩 바뀌고 있다. 또다시 몇 해가 지나면 이 밭의 구성원들은 또 어떻게 변할까.

해마다 5월이면 본격적으로 농사일을 시작하지만 아직은 씨를 뿌리고 모종을 심는 시기이고, 노지 농사는 초여름까지 수확할 것이 거의 없다. 들나물은 꽃대를 올리고, 산나물은 먹을 수 있지만 조금 더 지나 산나물이 쇠는 시기가 오면 이맘때가 보릿고개였다는 걸 느끼게 된다. 할 일은 많은데 수확은 아직이고, 먹을 게 없던 사람들은 제일 먼저 수확하는 곡식인 보리를 애타게 기다렸겠구나. 언제든 돈을 주고 음식을 살 수 있는 지금은 절대 알 수 없을 보릿고개의 의미를 조금이나마 헤아려 볼 수 있었다.

6월, 첫 수확, 완두

노지 농사는 시작 시기도 늦고 수확도 늦다. 2월부터 모종을 만들고, 3월에는 감자와 완두를 심고, 5월에는 각종 씨앗을 뿌리고 만들어 둔 모종을 심는 등 여러 가지 일을 한다. 그러나 수확은 이르면 5월 말부터 시작해 6월이 되어야 한창이다. 그렇게 기다리고 기다려서 만나는 첫 수확물이 완두다. 풋콩을 먹는 완두는 꼬투리째 쪄서 알맹이만 쏙쏙 빼 먹거나 밥 지을 때 넣어 먹는다. 콩꼬투리를 먹는 완두는 납작한 꼬투리를 기름에 달달 볶거나 카레나 된장국에도 넣어서 먹는다. 아삭아삭한 맛이 좋다. 완두는 이렇게 예쁠 필요가 있나 싶게 잎이며 꽃이며 콩깍지까지 예쁘다.
첫 수확이라서 예쁘다고 하는 게 아니라 정말, 진짜, 그냥 예쁘다. 기회가 되면 여러분도 한번 꼭 심어 보시길.

우리는 노랑완두와 붉은꽃완두라는 토종 완두 두 종류를 심고 있다. 노랑완두는 이사 온 첫해부터 '토종이 자란다'에서 스무 알 정도 나눔 받아 심어 왔다. 처음에는 어떻게 키우고 언제 거두는지 잘 몰라 그냥 완두가 자라고 누렇게 마를 때까지 두었다가 거두었다. 수확량이 적어 맛도 보지 못하고 다음 해 심을 씨앗을 조금 늘리는 정도에 만족했다. 사실 완두 맛을 잘 몰라 맛을 못 보았다고 크게 아쉽지도 않았다. 그즈음 집에 놀러 온 친구가 근처 5일장에서 풋완두 한 망을 사 와서 함께 실컷 먹은 적이 있다. 이유는 모르겠지만 우리 집에서는 완두를 즐겨 먹지 않아서 실제로 완두를 제대로 먹어 본 적은 이때가 처음이었다. 꼬투리째 푹 쪄서 먹어 본 풋완두는 정말 달콤하고 맛있었다. 두 번째 해가 되어서야 처음으로 노랑완두를 충분히 수확해 맛볼 수 있었고, 그 이후부터 이 씨앗은 밀지지 않고 계속 거두고 있다.

그다음 해부터는 강원도 양양에서 토종 채소 농사를 짓고 있는 김혜영 농부님이 정말 맛있는 완두라며 추천해 준 붉은꽃완두도 같이 심고 있다. 붉은꽃완두는 토종이지만 외국 채소처럼 콩이 여물기 전 납작한 콩깍지를 먹는 종류다. 우리에게 이 완두를 강력 추천해 준 농부님의 자신감이 과하지 않다고 생각될 정도로 맛있다. 그래서 두 가지 완두 모두 감사하게 생각하며 해마다 꼭 챙겨 심는다.

언젠가 완두를 심고 있는데 동네 할머니가 지나가며 무얼 심고 있냐고 물어보았다. 완두를 심고 있다고 대답하니 "그거 일이 많아 귀찮은데"라면서 지나갔다. 해마다 우리 밭에서 얻는 첫 열매다 보니 항상 완두에 감사하는 나는 '완두가 뭐가 귀찮지?'라고 생각했는데, 몇 해가 지나 심는 면적을 늘려 보니 할머니 말이 무슨 의미인지 알겠다. 단번에 일이 마무리되는 작물이 아니라서 할머니가 그런 말을 했다는 것을. 특히 붉은꽃완두는 콩꼬투리가 적당한 크기일 때 바로바로 따 주어야 해서 한창 꼬투리가 달릴 때는 매일매일 신경 써야 한다.

　첫해 우리 밭에 풀과 작물이 같이 자라는 걸 보고 동네 어르신들이 농사가 잘되는 밭을 놀린다고 안타까워했다. 일을 안 해서 풀이 자란다고 생각했는데 오며 가며 우리가 계속 밭에 있는 걸 보더니 "열심히 농사짓는 것 같은데 비료나 기계를 안 쓰는구먼" 하면서 이제는 힘들게 농사짓는 걸 안타까워하신다. 지나다니면서 가끔은 "아이고, 저 옥수수는 비료 한 줌만 옆에 놓아 주면 좋겠는데"라고 하거나 "방석은 깔고 앉았지? 여자는 찬 데 앉으면 못써!"라는 식으로 한마디 건네고 가신다. 조금씩 서로에게 익숙해져서 꾸준히 별일 없이 계속 농사짓는 젊은이로 자리 잡고 싶다.

　시간이 지나면서 처음 이사 와 집 뒤란에 심은 딸기와 밭 가장자리 비탈에 심은 보리수나무도 자리를 잡았다. 솎아 내고 거름 주는 일이 어설프다 보니 방울 같은 딸기가 달랑달랑 달리는 정도지만 비닐하우스가 아닌 곳에서 제철에 달리는 새콤한 딸기를 감사히 먹고 잼도 조금 만들 수 있는 정도의 수확량이 되었다. 보리수나무는 2년 차부터 가지가 휠 정도로 달리고 있다. 처음 이사 왔을 때 신범은 집 주변에 보리수나무랑 산나물 모종을 사서 심고 싶다고 했다. 나는 전세로 2년 계약하고 이사 왔는데 이걸 지금 심으면 우리가 이사 가기 전에 열매를 맛볼 수나 있겠냐고 하며 나무 사는 걸 반대했었는데, 안 심었으면 큰일 날 뻔했다. 3년 전 엄마네 집에서 얻어다 심은 개량종 산딸기도 많이 번져서 이제 6월은 풍족한 수확의 달이 되어 가고 있다.

6월 말쯤 되면 감자도 수확한다. 언제나 풍성한 수확의 기쁨을 느끼게 해 주는 완두와 나무 열매에 비해 감자는 해마다 나를 시험에 들게 한다. 보통 감자는 봄에 종묘상에서 판매하는 씨감자를 상자로 사다가 심는다. 지금 시장을 차지하고 있는 감자는 '수미'라는 종류인데 수확량이 좋아서 대부분의 농부가 수미를 심는다. 모두가 'yes' 할 때 'no' 하는 사람처럼 우리는 꼭 남들 다 심는 거 말고 다른 종류를 심고 싶어 한다. 둘이서 "시장에 한 종류의 감자가 대부분을 차지하는 건 너무 이상하지 않아?"라고 묻고 맞장구치며 씨감자 파는 곳에서 "뭐 찾으세요?"라는 질문에 "수미 말고 다른 거 없어요?"를 외치며 다른 종류를 굳이 골라 심는다. 해마다 종묘상에 있는 두백, 단오, 남작 등 다양한 종류를 심어 보다가 토종 감자도 조금씩 구해서 도전해 보고 있다.

감자는 보통 6월 말부터 7월까지 수확한다. 항상 남들보다 조그만 감자를 거두어들이는 게 속이 상할 때도 있다. 몇 해 전 봄 가뭄이 엄청 심했을 때는 수확한다고 딱딱한 땅을 파느라 손가락, 손목, 어깨, 안 아픈 곳이 없고 몸이 너무너무 힘들었다. 그렇게 고생고생해서 캤는데 수확이 심하게 적어서 눈물이 나왔다. 이게 무슨 영화 같은 상황인지. 바싹 마른 땅에 눈물이 뚝뚝. 이럴 때마다 "농사란 무엇인가"라는 질문을 해 보게 된다. 농사를 짓는다는 행위에는 수확을 하겠다는 목적이 있는데 자연스럽게 키우려다가 작물이 죽거나 수확을 하지 못하게 되면 그건 농사일까? 책으로 읽을 때에는 그리도 쉬웠던 자연농이라는 말을 내 삶에서 내 옷으로 입으려니 너무 힘들었다.

7월, 열매채소 수확

날이 더워지며 가지, 오이, 고추, 오크라 같은 채소의 열매가 달리기 시작한다. 아직 넘치도록 풍족할 정도는 아니지만 점차 열매를 수확하는 간격이 좁아진다. 오이와 오크라를 잘게 썰어 간장과 고추냉이로 양념한 후 냉장고에 두면 여름 반찬으로 잘 어울리는 시원한 냉샐러드가 된다.

6월 말부터 수확하는 감자로는 여름 간식으로 강원도식 감자범벅을 꼭 해 먹는다. 강원도식 감자범벅 만드는 법은 이렇다.

① 감자를 푹 삶는다.
② 삶는 동안 밀가루 반죽을 한다.
③ 푹 삶은 감자에 소금과 설탕으로 간을 한다. 단 걸 좋아하면 설탕을 밥숟가락으로 두세 숟갈 넣는다. 후루룩 섞어 준 후 위에 밀가루 반죽을 수제비처럼 얇게 떠서 얹는다.
④ 냄비 뚜껑을 닫고 약한 불로 반죽이 익을 때까지 두었다가 포크로 거칠게 으깨 준다. 보슬보슬한 감자와 쫄깃쫄깃한 밀가루 반죽이 뒤섞인 달콤한 초여름 간식 완성!

여름이 오면서 해가 길어지면 밭에서 일할 수 있는 시간이 길어진다. 양평에서 맞이한 첫 여름, 평일에도 밭에 가고 싶어서 출근하기 전 새벽에 밭일을 조금씩 했다. 여름이 한창이던 어느 날, 한창 자란 풀을 헤치며 밭으로 들어서는데 근처에서 부스럭 소리가 들렸다. 풀 사이에서 새끼 고라니가 비틀거리며 일어나는데 너무 귀여웠다. 애니메이션 영화 〈밤비〉의 실사판이 이런 느낌이 아닐까 싶을 정도로 귀여웠다. 옆집 밭을 향해 뛰어가는 녀석을 보면서 소리쳤다. "야! 너 뭐 먹었어? 너희 엄마 어디 있어?"

첫인상은 귀엽고 재미있었지만 고라니는 그 후 종종 나타나 우리를 한숨 짓게 만들었다. 툭 하면 콩잎과 동부 새순을 끊어 먹었고, 옥수수도 먹고, 고구마 잎도 먹고, 상추나 배추는 말할 것도 없이 항상 입을 댔다. 쥐눈이콩 잎을 하도 먹어서 수확할 때가 되어도 콩잎이 몇 장 남아 있지 않은 적도 있었다. 내일 모레 수확하기에는 덜 자라서 작고 볼품없는 쥐눈이콩을 보며 신범은 "어제 심은 것 같다"고 말했다. 슬픈 일이었지만 다행히 이 말을 떠올릴 때마다 웃음이 나서 재미있는 기억으로 남았다.

한 해는 고구마 두둑 두 개 정도가 고라니의 표적이 되어 두고두고 고생했다. 잎을 잘라 먹고 그 자리에 새잎이 나올 때마다 기가 막히게 알고 와서 또 먹었다. 한참 자라 억센 잎을 달고 있는 다른 두둑의 고구마에 비해 연한 새잎이 나오니 고라니 입맛에 맞았던 모양이다. 가을에 고구마를 캐 보니 그 두둑의 수확은 다른 두둑에 비해 반의반도 안 되었다. 고라니를 어떻게 해야 할까 고민하다가 빨간 불빛이 휘휘 도는 경광등을 사서 달아 보기도 하고, 태양광 센서

등을 놓아 보기도 하고, 두둑 옆으로 줄을 쳐서 방울을 달아 보기도 했다. 뭐라도 하면 처음에는 효과가 있다. 하지만 1~2주 정도 지나면 고라니가 적응해서 아무렇지 않게 지나다니곤 한다.

 동물이 살던 곳에 사람들이 들어와 자리를 잡고 연하고 맛있는 것을 키우니 어쩔 수 없다 생각하려고 노력하지만, 막상 키우던 작물이 망가지면 그 속상함은 이루 말할 수 없다. 주로 고라니가 좋아하는 작물 주변에 다가가지 못하도록 커다란 나뭇가지를 둔다거나, 줄이나 그물망을 치는 등으로 여러 수를 내 보다가 지금은 밭의 3분의 2 정도에 그물망을 두르는 것으로 정착했다. 바깥쪽에는 고라니가 덜 먹는 작물을 심고, 안쪽에는 고라니가 좋아하는 작물을 심고 있다. 곤충이나 동물을 적으로 여기지 않으려 하지만 가끔은 고라니가 확실한 경쟁자가 되어 버려 이 부분은 어떻게 해결해야 할지 아직도 모르겠다.

 고라니만큼 마음을 힘들게 하는 녀석이 하나 더 있다. 바로 두더지다. 사람들이 생김새가 귀엽다고 하도 이야기해서 얼굴을 보면 좋아하게 될까 봐 일부러 인터넷에서 사진도 찾아보지 않았다. 기계로 땅을 갈지 않고 풀을 계속 잘라 덮어 주니 지렁이나 다른 벌레가 많아져, 그것들을 먹기 위해 두더지가 찾아온다. 두더지가 열심히 다니니 밭에 해마다 두더지가 뚫어 놓은 구멍이 늘어난다. 생태적인 논리로는 기계로 땅을 갈지 않는 밭은 두더지가 대신 땅을 갈아 주는 거라고 한다. 머리로는 이해하지만 마음은 답답하다.

 한번은 감자를 수확한 후 밭을 정리하면서 두더지 구멍이 얼마나 뚫려 있나 팔을 집어넣어 보았는데, 구멍을 얼마나 크고 깊게 뚫어 놓았는지 거의 어깨까지 들어갔다. 그걸 보던 친구가 지하세계로 끌려갈 것 같아 무섭다며 내가 없어지면 신범에게 전해 주겠다고 농을 했다. 두더지야. 우리는 어떻게 해야 같이 살아갈 수 있을까. 언젠가 지하 두더지 왕국을 방문하는 농부가 나오는 동화를 써 보고 싶다.

8월, 토마토

8월이면 연례행사로 토마토 처트니를 만든다. 토마토는 생으로 먹어도 맛있지만 노지에서 비가림도 없이 키우는 우리 토마토는 비만 오면 터지기 일쑤다. 그래서 터진 토마토를 잔뜩 걷어다가 끓여서 소스를 만들거나 처트니를 만들어서 1년 내내 빵과 함께 먹는다.

처트니는 채소나 과일을 식초·설탕·향신료와 함께 조리해 만드는 일종의 소스로, 향신료나 조리법에 따라 매우 다양한 레시피가 존재한다. 우리는 영국에서 우핑을 하며 만난 제프와 힐러리네 집에서 처음 먹어 보고 그 맛에 반해 레시피를 노트에 적어 왔다. 토마토를 다져서 소금, 설탕, 고춧가루, 생강, 마늘 등을 넣고 식초와 함께 두어 시간 푹푹 끓여 만든다. 주로 아침에 먹는 빵에 곁들이고 가끔은 치즈 등과 함께 안주용 카나페를 만들기도 하고, 구이 등에 소스로 이용하기도 한다.

여름이 오면 한낮에는 너무 뜨거워서 일을 할 수 없다. 최대한 빨리 일어나 일을 한다고 생각해도 우리에게는 아침인데 동네 어르신들은 벌써 일을 마치고 집에 들어가신다. 지나가면서 아직까지도 일을 하고 있는 우리를 보며 날 더운데 고생한다고 한마디씩 건넨다. 처음에는 동네 사람들이 도대체 몇 시에 일어나는 건지도 모르겠고 아무리 노력해도 더 일찍 일어나기는 힘들었다. 그래도 몇 년 지나고 나니 신범도 여름이면 해 뜨는 시간에 일어나 밭에 나간다. 여름에는 주로 조금이라도 더 시원한 새벽에 일하고, 뜨거운 낮에는 집에서 좀 쉬고, 해가 한풀 꺾이는 시간에 다시 밭으로 나간다. 저녁에는 모기가 많아 일하기 너무 힘들지만 청바지를 입고, 망사가 달린 모자를 쓰고, 모기향을 들고 나간다. 원래 피부가 약해서 모기 물린 자국도 오래가고 간지러운 기운도 오래 갔는데, 몇 년 물리고 나니 몸도 적응을 하는지 낫는 속도가 점점 빨라지고 있다.

더위와 장마의 8월. 비가 오는 만큼 풀이 자란다. 온도도 높고 물도 충분하니 풀도 작물도 마음껏 자랄 수 있는 환경이다. 누군가는 농사는 풀과의 전쟁이라고 한다. 물이고 양분이고 풀이 작물이 먹는 것을 빼앗아 간다고 한다. 또 누군가는 식물들은 만들어 낸 영양분을 서로 나누어 갖는다고 한다. 뿌리가 수분과 영양분을 흡수만 하는 게 아니라 내보내기도 하기 때문에, 뿌리로 내보내는 영양분으로 주변 식물과 토양 속 미생물을 먹인다는 것이다. 그러니 옆에 다른 식물이 있다고 해도 일방적으로 경쟁하는 관계가 아니라 상부상조하는 관계일 수 있다는 이야기다.

뭐라 해도 8월에는 우리도 풀을 베느라 정신이 없다. 풀과 함께 하는 농사라고 하지만 작물을 풀밭에 방치하는 것은 아니다. 작물이 사릴 수 있도록 풀을 정리하는데, 특히 작물이 어릴 때는 더더욱 신경 써야 한다. 어린 작물이 풀에 치이지 않고 제대로 햇빛을 받고 자랄 수 있게끔 도와주고, 작물이 풀보다 크고 차이가 많이 나면 그대로 둔다. 풀을 벨 때는 한꺼번에 없애지 않고 두둑의 풀을 한쪽만 베어 뜨거운 오후 햇빛을 가릴 수 있게끔 두기도 한다. 가뭄이 심할 때도 풀을 함께 키우면 작물이 가뭄을 더 잘 견딘다는 말에 일부러 길이만 자르고 그대로 두기도 한다. 또 풀을 한꺼번에 없애면 벌레들이 갈 곳이 없어 작물에 달라붙는다는 이야기가 있어 보통 두둑 양쪽은 시간을 두고 나누어 작업하곤 한다.

다양한 작물을 때때마다 심고 거두니 풀을 관리해야 하는 시기가 서로 다르다. 한편에서 시작해 밭을 한 바퀴 돌고 나면 처음 작업한 곳은 다시 풀이 한껏 커 있다. 그러면 다시 시작이다. 풀이 지긋지긋할 때도 있지만 그 모든 풀이 결국 이 땅의 생태계를 이루고 우리가 먹는 작물이 되어 돌아올 것이라 생각하고 항상 감사한 마음을 가지려 애쓴다. 그리고 그냥 잡초로 흘려보내지 않고 풀 이름을 찾아 기억하려 한다. 물론 먹을 수 있다면 최대한 먹는다.

그 어떤 멋진 말을 해도 풀은 우리가 바라고 예상한 것보다 항상 더 잘 자란다. 그래서 풀베기만으로 해결되지 않는 고민과 생각이 넘쳐 나지만, 현실은 매일매일 풀베기다.

9월, 고구마 줄기

고구마가 넘실넘실 자라난다. 고구마를 심은 두둑이 고구마 잎과 줄기로 가득하다. 9월부터는 고구마 줄기를 조금씩 따서 나물거리로 팔기도 하고, 먹기도 한다. 9월 말부터는 미리 판매할 고구마를 순차적으로 수확하기도 한다.

고구마를 캘 때면 고구마 줄기가 감당하지 못할 정도로 가득 나오기 때문에 장터에 나갈 날짜와 고구마 캘 날짜를 잘 맞추려고 노력한다.

고구마 줄기 김치는 껍질을 까는 게 귀찮기는 하지만 잔뜩 만들어 놓고 싶은 별미 중의 별미다. 몇 년 전에 이복자 농부님이 껍질째 푹 데쳐서 김치를 담가도 된다고 알려 주어서 이제는 그 방법을 쓰고 있는데, 껍질을 깐 것과는 식감이 조금 다르다는 아쉬움은 있다.
고구마 줄기를 가득 삶아 가을볕에 말려 두기도 한다.

> 겨울에 먹는 고구마 줄기 묵나물은 또 나름의 맛이 있으니까. 나물을 별로 안 좋아한다면 데쳐서 그대로 얼려 두었다가 생선조림이나 두부조림 등 양념이 센 요리에 함께 넣어도 잘 어울린다. 겨울에 코다리조림 같은 요리를 하면 고구마 줄기를 꼭 챙겨서 넣는다.

농부는 한 계절을 미리 준비한다고 했던가. 한창 더운 여름이지만 겨울 김장용 무와 배추를 심었다. 첫해에는 8월 말부터 토종 구억배추 씨앗도 심고 개량종 무 씨앗과 배추 모종도 사다 심었다.

벌레들은 대단하다. 언제 어떻게 나타나서 얼마나 먹어 치우는지 도대체 모르겠다. 매일 아침 밭에 가서 잡고 또 잡아도 매일 새로운 녀석이 와 있다는 사실만 안다. 처음에는 잎을 뒤집어 가며 이리저리 찾아도 커다란 벌레만 겨우 눈에 보였다. 며칠 동안 자세히 들여다보니 점차 작은 벌레들도 보이기 시작했다. 검은색, 짙푸른색 그리고 막 알에서 깨어났는지 투명한 녀석들도 종종 보였다. 아마도 이 투명한 녀석들이 무·배추 잎사귀를 먹으며 녹색이 되는 것 같다. 그러다가 어느 순간 눈이 뜨였는지 배추흰나비 알이 보이기 시작했다. 알을 손으로 문질러 떼어 내고는 내가 이만큼 눈이 열렸다고, 이제는 위험을 근원부터 처리할 수 있겠다는 의기양양한 기분을 느껴 보았지만 그것도 잠시뿐. 깨끗이 다 잡았다고 다음 배추로 이동하는 내 앞에 나비가 유유히 날아와 방금 작업한 배추에 살짝 앉았다 간다. 그리고 보이는 새로운 알. 사람이 무엇을 이길 수 있을까.

몇 년간 보면서 느끼는 것이지만 사람 입에 맛있는 건 동물이나 벌레 입에도 맛있다. 특히 조리 없이 바로 먹을 수 있는 잎채소 같은 것은 누구라도 탐을 내는 듯하다. 처음 텃밭 농사를 시작할 때에는 벌레가 너무 징그러워 배추나 양배추 잎에 있는 벌레를 잡기 위해 나뭇가지를 찾고 장갑을 끼지 않으면 건들지도 못했다. 하지만 저 벌레가 나의 경쟁자라는 사실이 각인되고, 매일 만나 서로 얼굴도 익숙해지고 나니 이제는 맨손으로도 벌레를 잡아 올린다.

건강한 생태계에서는 특정 벌레가 많아지면 자연스레 벌레를 먹이로 삼는 천적들이 나타나 극심한 피해가 생기지는 않는다고 한다. 지금 우리 밭에는 여러 벌레와 동물이 함께 살아가기 때문에 한 가지 작물이 아예 없어질 정도의 피해는 없다. 하지만 벌레와 벌레의 천적 사이에 있는 자연의 고리는 사람들의 조급한 마음보다 천천히 작동하는 것 같다. 벌레와 함께 살아가는 농사를 꿈꾸지만 도저히 견딜 수 없을 때는 손으로 직접 한 마리 한 마리 잡는다. 내가 너의 천적이 되겠다, 너의 죽음을 내가 직접 처리하겠다는 비장한 마음이라고 할까.

나는 몇 년을 만나도 아직은 벌레를 친근하게 느끼거나 벌레의 아름다움을 인지하지 못하는 속 좁은 인간이다. 그래도 이제는 잎사귀에 앉아 있는 벌레의 똥을 보며 어느 정도로 큰 벌레가 있을지 예측하기도 하고, 잎사귀에 난 구멍의 모양을 보며 벌레 종류를 예상하기도 한다. 그리고 그들이 당연히 찾아올 것이라는 사실을 담담하게 인정하는 정도에서 내 마음을 정리하고 있다.

10월, 밤

10월 초에는 엄마네 집에 가서 밤을 주워 온다. 엄마한테 밤을 주우러 가도 되냐고 물으면 엄마는 그 전날 바람이 많이 불었는지 생각한다. 산비탈에 있는 밤나무 아래를 조심조심 헤치고 다니다 보면 항상 예상한 것보다 많은 밤을 주울 수 있다. 밤을 주울 때는 가시에 찔리지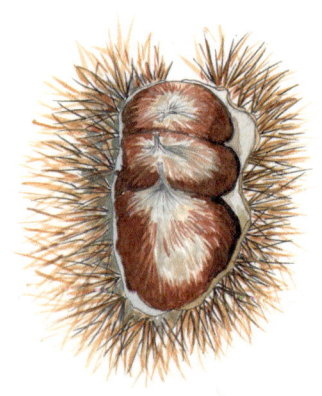
않도록 장갑을 끼고 두꺼운 신발을 신어야 한다. 튼튼한 집게나 막대기가 있다면 조금은 쉽게 껍질을 깔 수 있다. 베테랑은 막대기 따위 없어도 양발로 껍질을 누르고 벌어진 틈으로 알밤만 쏙 빼낼 수 있다. 엄마는 밤이 떨어지고 한참 지나면 윤기를 잃는다고 했다. 오래된 밤은 쥐들이 먹기 때문에 아직 반질반질 윤기가 남아 있는 밤으로 골라 줍는다. 주워 온 밤을 벌레 먹은 것과 깨끗한 것으로 나누고 벌레 먹은 밤은 모두가 둘러앉아 얼른 껍질을 간다. 보통은 손이 얼얼하고 손가락이 잘 펴지지 않을 때까지 밤껍질을 간다. 껍질 벗긴 밤은 냉동실에 얼려 두었다가 밥을 할 때 한 주먹씩 넣어 밤밥을 한다. 집에 갈 때 엄마는 꼭 껍질 벗긴 밤 한 봉지와 깨끗한 밤 전부를 봉지 봉지 싸 준다. 집에 오면 다시 한 번 밤을 고른다. 하룻밤 사이에도 벌레 먹은 흔적이 생긴 알밤이 있다. 그런 것들은 얼른 삶아서 먹고, 나머지는 소금물에 데쳐 채반에 널어 두기도 하고, 영화〈리틀 포레스트〉에 나온 보늬밤조림을 만들기도 한다.

우리가 이사 온 양평은 겨울이 꽤 추운 동네로, 이르면 10월 중순, 보통 10월 말쯤에는 서리가 내린다. 서리가 오면 농작물은 대부분 생을 마감한다. 특히 여름내 사람들을 먹여 살린 열매채소는 서리가 오면 그대로 안녕이다.

서리가 오기 전에 고추나 가지, 토마토 같은 열매채소는 다 정리해야 한다. 동부도 서리를 맞으면 풋콩 꼬투리가 뜨거운 물에 데친 것처럼 물러진다. 고구마나 생강 같은 뿌리작물도 영향을 받는다. 고구마도 오래 보관하려면 서리 전에 캐야 하고, 생강도 씨생강으로 쓰려면 서리 전에 캐야 한다. 서리를 기다리며 할 일을 차곡차곡 한다. 토마토는 마지막으로 모아 한 번 푹 끓여 저장 식품을 만들어 놓고, 고구마를 수확할 때마다 나오는 고구마 줄기는 데쳐서 말린다. 가지도 썰어 말리고, 생강은 다음 해 씨생강으로 쓸 것들을 스티로폼 박스에 보관해 둔다.

첫해에는 도대체 언제쯤 서리가 올지 몰라 마음이 너무 불안했다. 서리가 오기 전에 고구마를 모두 수확해야 하는데 봄에 밭이 넓어서 좋다며 신이 나서 고구마를 많이 심었더니 수확해야 할 것도 많았다. 기계를 쓰지 않으니 모든 일은 우리 두 사람의 손으로 직접 해야 했다. 하루하루 머릿속이 서리 생각으로 가득해서 날씨가 좀 차가워진다 싶은 날에는 내일 새벽에 서리가 올지 모른다는 불안감에 출근했다가도 반차를 내고 들어와서 고구마를 캤다.

고구마를 캘 때는 밭을 뒤덮은 고구마 줄기를 먼저 정리한다. 땅속과 연결된 굵은 줄기를 찾아 잘라 내고, 줄기는 한 아름씩 걷어 내 옆으로 옮긴다. 땅 위로 삐죽 올라온 줄기를 더듬어 근처 땅을 모종삽으로 조심스레 파내 고구마를 하나씩 찾아 꺼낸다.

고구마를 오래 보관하려면 상처가 없어야 한다. 처음에는 신이 나서 수확했지만 자꾸 예쁜 고구마를 긁고 찌르다 보니 점차 속도가 느려졌다. 상처 나지 않게 조심스레 작업하기가 쉽지 않다. 한동안 일하고 난 다음에는 고구마가 있어도 그만 없어도 그만이라는 생각이 들었다. 두둑 위 고구마 줄기를 걷었을 때 땅속에서 올라온 고구마 덩이뿌리가 있으면 수확물이 있어 좋고, 없으면 땅을 팔 일이 없어 좋고. 두더지와 봄 가뭄으로 애써 심은 고구마가 죽은 것이 아쉬우면서도 반가울 정도였다. 지친 몸으로 고구마 두둑에 앉아 멀리 산 너머로 석양이 지는 것을 바라보던 기억이 몇 년이 지난 지금까지도 아스라이 남아 있다. 그래도 조바심을 낸 보람이 있어 첫해에는 서리 오기 전에 수확을 마칠 수 있었다.

해마다 서리가 오는 시기가 되면 오늘일까, 내일일까, 발을 동동 구르며 밤늦게까지 수확을 하곤 한다. 언젠가 '내일 서리가 옵니다'라는 기사를 읽고 밤늦게 밭에 나가 휴대폰 조명을 비추며 동부 줄기를 거두어들인 날도 있었다. 또 미리 수확한다고 했는데도 시간이 부족해서 서리가 내리기 전날 고구마 줄기만 베어 내고 두둑 위에 커다란 파란색 '갑바 방수포'를 덮어 놓은 적도 있었다.

이렇게 10월이면 서리가 오기까지 급하게 이런저런 일을 처리한다. 너무 바쁘고 정신없을 때는 서리가 원망스럽기도 하지만 서리가 지나간 후에는 바깥에서 급하게 할 일도 없어지고 이제 올해 농사는 거의 끝났구나 싶은 생각에 오히려 홀가분하기도 하다.

부자가 되고 싶은 것도 아닌데 오로지 제철에 맞게 내가 키운 것으로 먹고살려고 밤 늦게까지 아주 열심히 일한다. 피곤한 몸을 움직여 일을 하다 보니 그렇다. 우리는 적당히 살기 위해 열심히 살고 있다.

11월, 고구마

서리 오기 전까지 고구마를 열심히 수확하면 2~3주간 후숙시킨다. 요즘은 수확하고 바로 먹어도 된다는 달달한 꿀고구마가 인기지만, 확실히 적절한 온도에서 일정 기간을 보내고 난 고구마는 맛이 더 좋아진다. 후숙이 끝난 고구마는 그냥 삶아 먹기도 하고, 나박나박 크게 썰어 밥 지을 때 넣기도 한다. 삶아서 으깬 고구마를 설탕과 함께 조려서 잼처럼 먹을 수도 있고, 고구마잼을 만든 후에 잼이 묻어 있는 냄비에 우유나 두유를 넣고 끓여 고구마라테를 해 먹기도 한다. 우리는 이렇게 고구마를 겨우내 식사로, 간식으로 다양하게 먹고 즐긴다.

고구마 모종은 해마다 사서 쓴다. 우리 동네 모종 가게에서는 꿀고구마를 주로 판매하는데, 우리는 해마다 호박고구마를 구해서 꿀고구마와 함께 두 종류를 심어 왔다. 4년 전 운 좋게 토종 물고구마와 흰고구마를 얻어 조금씩 직접 싹을 내서 심고 있다. 작년에는 꿀고구마, 밤고구마, 호박고구마, 물고구마, 흰고구마, 이렇게 다섯 종류를 길렀다. 다양한 맛의 고구마가 있다는 걸 사람들이 알았으면 좋겠다.

이사 온 첫 해, 우리가 직접 농사지은 무와 배추로 김장을 했다. 부모님이 김치를 보내 주겠다는 것을 거절하고 둘이서 우리의 첫 김장을 담갔다. 8월 말에 일반 배추 모종을 사서 심고, 토종 구억배추 씨앗도 심었다. 우리가 심은 구억배추는 일반 김장배추처럼 속이 완전히 노랗게 들어차는 배추가 아니라고 듣기는 했지만, 그 이야기로도 위안이 되지 않을 정도로 배추가 속이 차지도 않았고 크기도 작았다. 일반 모종도 크게 자라지 않은 건 마찬가지였다. 그래도 최선을 다해 배추를 씻고 겉잎을 떼어 정리하고 난생처음 배추를 소금물에 절였다. 소금은 생각보다 많이 필요했고, 우리 집에 있는 대야는 크기가 작아서 배추를 절이기가 어려웠다. 지금 집에서 물을 담을 수 있는 제일 큰 공간이 어디일까 고민하다가 싱크대를 깨끗이 닦아 배추를 차곡차곡 쌓아 소금물을 넣고 절였다. 아침에 대야로 옮겨 담아서 씻고 다시 싱크대에 배추를 엎어 물을 뺐다. 물이 빠지면서 소금에 절여진 줄 알았던 배추들이 다시 살아났다. 납작해진 배추를 보고 '숨이 죽었다'고 하던가. 그런데 우리 배추는 부활했다. 소금이 부족해서일까. 배추가 강하게 자라서일까. 다시 숨을 죽일 수는 없으니 양념을 발라 김치통에 차곡차곡 넣었다.

김장을 했다는 말에 엄마가 웃음 반 기특함 반이 담긴 목소리로 김치를 도대체 몇 포기나 한 거냐고 묻는다. "스무 포기쯤?" 별생각 없이 배추 숫자를 말하니 둘이서 뭘 그리 많이 하냐며 "고생했겠다"라는 말이 돌아왔다. 그제야 나의 실수를 깨달았다. "아니, 일반 배추 크기보다 훨씬 작아. 김치통 두 개 정도 양이야" 하니 "적당히 했다"는 말을 들었다.

채칼도 없어 식칼로 무채를 썰고, 양념이 부족해서 나중에는 고춧가루랑 액젓만 더 추가해 양념을 늘렸다. 그래도 안 되겠다 싶어 국물, 풀, 다진 마늘을 보충하기를 몇 번 더 하고 마무리된 우리 김치는 겨우내 정말 맛있었다. 뿌듯한 마음에 엄마에게 가져갔는데 빈말을 못하는 우리 엄마는 기어이 한마디 했다. "배추가 너무 질겨." 아무렇지 않은 척했지만 다음 해부터는 엄마한테 김치를 주지 않는 것으로 홀로 복수하고 있다.

우리는 그냥 무, 배추라고 부르지만 무와 배추에도 여러 종류가 있고 각각의 이름이 있다. 우리가 주로 키우는 배추는 토종 구억배추로 제주도 구억리에서 할머니 한 분이 키우다가 토종 씨앗을 수집하던 활동가들의 눈에 띈 씨앗이라고 한다. 일반적으로 쓰는 속이 노랗게 차는 김장 배추와 달리 속이 반쯤만 차는 반결구 배추라는데, 잘 무르지 않고 갓처럼 시원한 맛이 있어 우리는 계속 씨앗을 받고 심어 먹는다. 키우는 방식의 영향도 있겠지만 잎사귀가 아삭아삭하다기보다는 '으적으적'에 가까운 단단한 느낌이 있다.

작년부터는 뿌리배추라는 조선배추도 씨앗을 조금씩 뿌리고 있다. 이름은 배추인데 잎사귀는 갓 비슷하게 길쭉하고, 뿌리는 두툼하게 순무 비슷한 모양새로 자란다. 옛날에는 이 배추 뿌리를 간식으로 먹었다는데, 생으로 먹어 보니 매운맛이 있어 어떻게 먹었을까 궁금하다. 특유의 맛과 향이 있는데 어떤 사람은 그래서 익히는 것보다 생으로 무쳐 먹는 게 맛있다고 하고, 또 어떤 사람은 그래서 된장국을 끓여 먹는 게 맛있다고 한다.

계속 키우고 있는 무의 이름은 쥐꼬리무다. 쥐 꼬리처럼 가운데 뿌리가 도톰하니 길게 뻗어 있다. 물을 많이 안 주니 어떤 작물을 키워도 뿌리가 길어진다. 원래 뿌리가 긴 놈이 우리랑 더 잘 맞겠다는 이유로 이끌려 심은 씨앗인데, 이제는 정이 담뿍 들어 버렸다. 달달하고 시원하고 맛있다. 무 자체의 크기가 작아서 동치미 무로 쓰였겠다 싶은 모양이다. 왜 이런 다양한 씨앗이 남아 있을까 생각해 보면 각각의 쓰임이 따로 있었겠구나 싶다.

조상들은 왜 이름을 '쥐꼬리'라 했을까. 무 뿌리를 보고 다른 어떤 것도 아니라 쥐가 생각난 이유는 쥐를 그만큼 일상에서 자주 만났기 때문이 아닐까. 쥐꼬리무, 쥐눈이콩, 쥐이빨옥수수. 쥐와 인간의 관계를 그려 보게 하는 이름들이다.

12월부터 이듬해 2월까지
팥과 콩, 늙은 호박

12월 동지에는 팥죽을 해 먹는다. 동지를 챙기다니 도시 살 때는 생각조차 안 해 본 일이다. 농사일을 몸에 익히며 '제철'이라는 것을 배웠다. 해가 가장 짧은 날인 동지를 기념해 친구들과 팥죽을 해 먹기도 하고, 집에서 직접 키운 팥을 삶아 팥떡을 해 먹기도 한다.

겨울이면 온기가 도는 집 안에 고구마와 늙은 호박을 들여놓아야 한다. "고구마도 감기가 든다"는 말을 어떤 농부에게 들은 적이 있는데 참 재미있는 표현이다. 해마다 고구마는 신경 써서 난방이 조금이라도 들어오는 방에 잘 보관해 둔다. 늙은 호박도 영하로 떨어지지 않는 집 한구석에 쟁여 놓는다. 호박죽을 끓여 먹기도 하고, 채를 쳐서 부침개를 해 먹기도 한다. 그러고도 남는다면 얇게 썰어 말려서 호박고지를 만들어 두었다가 밥할 때 얹어서 호박밥을 해도 맛있다.

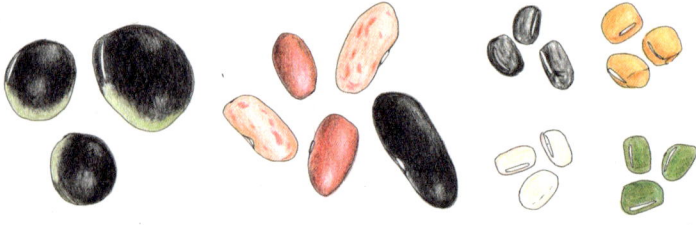

겨울이 되었다. 너무 춥다. 왜 남쪽으로 많이 귀농하는지 이해하게 되었다. 오래된 시골집의 단열 능력은 놀라울 정도로 부족하다. 집 안에서 공기의 흐름이 느껴질 정도다. 이사 오기 전에 혹시 몰라 장만한 난방 텐트가 겨울 필수품이 되었다. 떨어지면 주문해야 되는 기름이나 가스가 아니라 전기선으로 언제나 연결된 심야 전기 보일러라 안심이 되는 부분이 있었는데, 전기세를 보고 나니 오히려 두려워졌다. 보일러를 돌려도 집은 계속 춥고, 올라가는 온도에 비해 나오는 난방비가 어마어마하다.

첫 겨울 양평의 최저기온은 영하 20도를 찍었다. 하루는 아침에 일어났는데 수도꼭지에서 물이 나오지 않았다. 뭘 어떻게 해야 하나, 다른 집들은 괜찮은가 싶어 이웃집에 여쭈어 보니 마을 전체가 물이 나오지 않는다고 했다. 동네에서는 수도관이 들어오지 않아 지하수를 파서 같이 쓰고 있는데, 너무 추워서 공동 상수도 어딘가가 얼어 버린 것이다. 우리 집이라면 어떻게 녹여 보겠지만 마을 상수도가 얼었다니 바로 포기. 집으로 돌아와 목욕 가방을 들고 차를 타고 나가 근처 목욕탕에 가서 씻고 왔다.

겨울이 깊어지면서 난방 텐트만으로는 부족해서 그 위에 천을 한 겹 더 덮어씌웠다. 그리고 어두침침한 동굴 같은 텐트 속에서 겨울잠을 청했다. 다음 겨울에는 첫해의 전기세를 떠올리며 보일러의 실내 온도를 13도로 유지했다. 가끔 밤새 보일러가 돌고 아침에 실내 온도가 14도일 때 그 아침이 얼마나 따뜻하던지. 겨우내 해가 지고 나면 급하게 모든 걸 정리해 난방 텐트로 들어가곤 했다. 큰맘 먹고 난로를 사려고 했는데 타이어를 교체하는 바람에 여윳돈이 없었다. 일단 다음 월급 때까지 버티는 수밖에 없었다.

　이렇게 세 번의 겨울을 지내고 난로를 장만했다. 화목 난로와 전기 난로, 등유 난로를 두고 엄청 고민했다. 주변에 널린 게 나무니 화목 난로를 쓰는 것이 연료 공급 면에서 괜찮을 것 같은데 연통 설치와 난로 관리는 잘할 자신이 없었다. 전기는 에너지 효율이 떨어진다고도 하고 보일러만으로도 전기세는 이미 과했다. 결국 전기 없이 켤 수 있고 이동 가능한 캠핑용 등유 난로로 결정했다. 켜고 끌 때마다 환기해야 하지만 집에 곰팡이가 생기지 않게 하려면 어차피 자주 환기해야 하니 겸사겸사 잘되었다 싶었다. 난로를 켠다 해도 집에서는 여전히 옷을 두툼하게 입어야 하지만 그래도 온기가 느껴져 이제야 사람 사는 집 같다. 화석연료를 사용하지 않는 농사를 꿈꾸지만 사실 일상에서 자연스레 사용하는 화석연료는 수도 없이 많다. 우리 삶을 어떻게 구성해야 우리가 그리는 꿈에 한발 더 다가갈 수 있을까.

　겨울이 오면 몸이 움츠러든다. 밭에서 할 일은 거의 끝났다. 월동 작물인 마늘과 양파가 잘 버티고 있는지, 밀과 호밀은 추위를 잘 버티고 있는지 가끔 들여다보는 것 외에는 한동안 밭에 나갈 일이 거의 없다. 그러니 겨울에는 주로 집 안에서 정리하고 고르는 일을 한다. 가을에 베어 말려 둔 콩과 팥, 들깨는 겨울이 오기 전에 두드려 떨어두고 겨우내 앉아서 고른다. 농부는 제일 좋은 것은 팔고, 두 번째 좋은 것을 먹는다고 했던가. 우리는 제일 크고 좋은 것은 씨앗으로 남기고, 두 번째 좋은 것을 팔고, 세 번째 좋은 것을 먹는다. 벌레 먹고 쭈그러들어 먹기 어려운 것은 골라내 이웃집 닭에게 가져다준다.
  연말이면 한 해를 돌아보는 회의를 한다. 둘이 각자 정리할 분야를 나누어 준비한 다음 미리 약속한 시간에 마주 앉아 평가를 한다. 올해 농부시장은 어땠나? 아쉬운 점과 잘한 점은? 올해 꾸러미는 어땠나? 내년에 더 늘려 볼 수 있을까? 작물 중 더 심어 볼 것과 그만 심어도 될 것이 있을까? 새로 씨앗을 구해 보고 싶은 작물이 있을까? 재배법을 바꾸어야 할 작물이 있다면 확인해 두자. 이렇게 며칠간의 회의를 끝내면 어느새 새해다.
  새해가 와도 일상은 여전하다. 콩과 팥을 고르고, 깨를 고르고, 지칠 때면 영화도 보고 책도 읽는다. 겨울에는 작은 모자나 덧버선 같은 걸 뜨기도 하고 구멍 난 양말을 모아 기워 두기도 한다. 이렇게 하다 보면 겨울이 거의 끝나 간다. 2월이 되면 채종한 씨앗을 잘 갈무리하고, 다가올 한 해 농사를 위해 씨앗 선반을 정리한다. 오래 묵은 씨앗은 집 앞에 오가는 새 모이로 주거나 퇴비장에 버리고, 어떤 씨앗을 가지고 있는지, 얼마나 남아 있는지 확인한다. 작년 한 해 동안 작성한 농사 공책을 정리하고 밭 지도를 새로 그리며 한 해 농사 계획을 세워 본다. 그렇게 다시 3월이 오면 감자와 완두를 심고 밭에 나는 들나물을 캐 먹으며 한 해가 시작되겠지. 언제까지 이 평화로운 일상이 계속될까.

농사 첫해, 작물을 심기 위해 무작정
밭 모양을 손으로 그려 작물을 배치해
보았다. 작물을 언제 어디에 심을까
논의하고 손으로 밭지도를 그리고 작물
이름을 적어 넣었다.

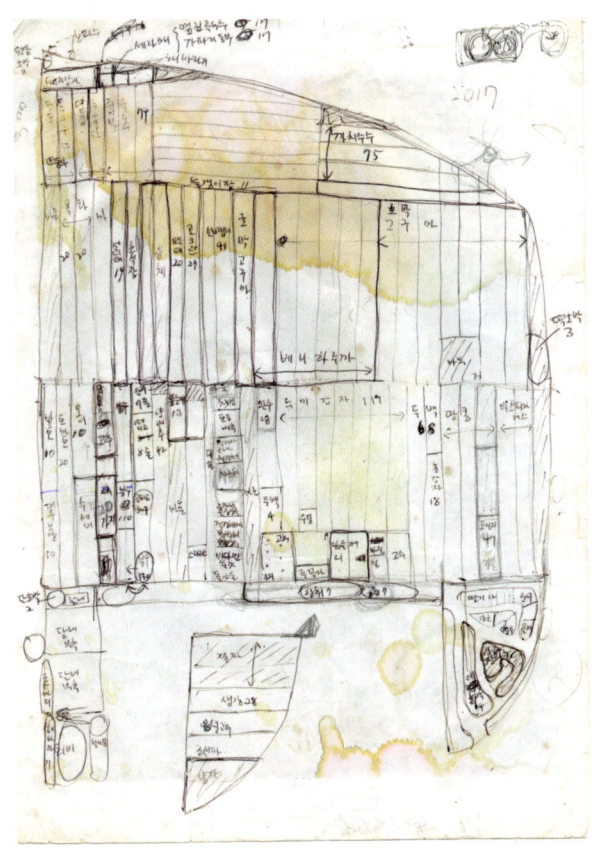

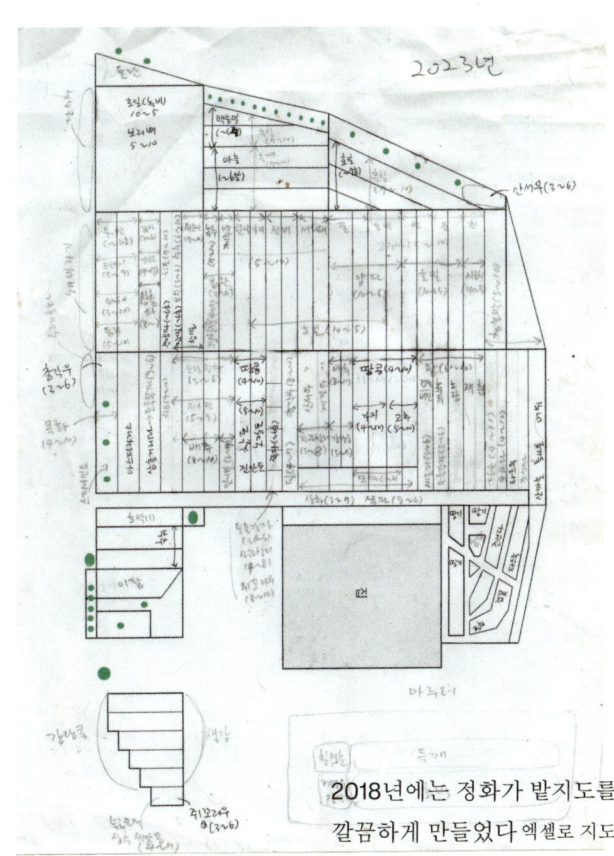

2018년에는 정화가 밭지도를 깔끔하게 만들었다 엑셀로 지도를 만든 정화에게 신범은 천생 사무직이라고 놀렸다. 매년 연초가 되면 밭지도를 들고 어떻게 작물을 배치할까 궁리한다. 50여 가지 작물을 돌려 심어야 하기 때문에 이전 해의 지도를 같이 보며 새 그림을 그려 나간다.

절기마다 하이쿠

'하이쿠'라는 일본의 짧은 시 형식이 있다. 5·7·5의 17음으로 이루어진다. 우연히 한 편의 하이쿠를 보고 나서 관심이 생겨, 하이쿠를 찾아보고 기본 형식과 특징을 알게 되었다. 계절을 나타내는 단어나 표현인 계어季語가 들어간다는 사실을 알고 더 끌렸다. 농사를 지으며 자연과 가깝게 지내고 계절과 날씨에 영향을 많이 받다 보니 그때마다 보이는 현상, 작물의 모습과 상태, 그 순간의 생각이나 느낌이 스쳐 지나갈 때가 많았다. 그렇게 절기마다 변하는 밭과 자연, 우리의 생활을 찬찬히 들여다보며 느낀 점을 하이쿠와 비슷하게 짧은 글에 담았다.

- 01 입춘
- 02 우수
- 03 경칩
- 04 춘분
- 05 청명
- 06 곡우
- 07 입하
- 08 소만
- 09 망종
- 10 하지
- 11 소서
- 12 대서
- 13 입추
- 14 처서
- 15 백로
- 16 추분
- 17 한로
- 18 상강
- 19 입동
- 20 소설
- 21 대설
- 22 동지
- 23 소한
- 24 대한

01	2월 4일 전후.	입춘이 되니
입춘 立春	봄이 시작하는 시기.	마음이 들뜨지만
	24절기 중 첫 번째.	아직은 추위

02	2월 19일 전후.	우수 즈음해
우수 雨水	얼음이 녹고	고추 가지 씨앗들
	봄기운이 도는 시기.	잠을 깨우네

| 03 경칩 驚蟄 | 3월 5일 전후.
겨울잠 자던 벌레와
개구리가 깨는 시기. | 완두 심다가
펄쩍 튀어 올랐네
나와 개구리 |

| 04 춘분 春分 | 3월 20일 전후.
밤과 낮의 길이가 같은 날.
이후 낮이 점차 길어진다. | 봄을 나누어
씨감자를 더하네
마음 부푼다 |

| 05 청명 清明 | 4월 5일 전후.
맑고 화창한 시기.
초목에 꽃이 피고
생명력이 왕성해진다. | 청명한 날씨
왜 나를 설레게 해
씨를 뿌리네 |

| 06 곡우 穀雨 | 4월 20일 전후.
곡식을 깨우는 비.
씨앗을 심고
비를 기다린다. | 곡우가 되면
생강을 심어 놓고
한참 모른 척 |

| 07 입하 立夏 | 5월 5일 전후.
여름의 시작.
모종을 심는 시기. | 여름의 시작
서두르고 싶지만
늦서리 살펴 |

| 08 소만 小滿 | 5월 21일 전후.
만물이 점차 생장하며
가득 찬다. | 오월의 딸기
온기 품은 달콤함
놓치지 않아 |

| 09 망종 芒種 | 6월 5일 전후.
보리를 베고
모내기를 하는 시기. | 밀을 거두네
까끄라기 날리고
씨앗을 먹자 |

| 10 하지 夏至 | 6월 21일 전후.
태양이 가장 높게 뜨고
낮이 긴 날.
점차 더워진다. | 무더운 여름
새벽에 일을 하고
낮잠을 자자 |

| ⑪ 소서 小暑 | 7월 7일 전후.
작은 더위.
여름 더위가 시작되고
장마가 진다. | 뜨거운 햇살
열매를 선물하네
잘 먹을게요 |

| ⑫ 대서 大暑 | 7월 23일 전후.
큰 더위.
무더위가 심해진다. | 대서의 폭염
몸을 아껴야 한다
내일을 위해 |

⑬ 입추 立秋 | 8월 7일 전후. 가을의 시작. 벼가 한창 익어 간다. | 이 비 그치면 가을에 다가갈까 선선한 바람

⑭ 처서 處暑 | 8월 23일 전후. 더위가 물러가는 시기. 가을 농사를 시작한다. | 쪽파를 심어 가을을 채워 가네 봄을 그리며

| ⑮ 백로 白露 | 9월 7일 전후.
밤 기온이 내려가고
풀잎에 이슬이 맺힌다. | 흰 들깨송이
들여다보는 아침
옷을 적시네 |

| ⑯ 추분 秋分 | 9월 23일 전후.
낮과 밤이 같은 시기.
밤이 길어지기 시작한다. | 밤이 길어져
분주히 낮을 마감
노을 보내며 |

| ⑰ 한로 寒露 | 10월 8일 전후.
찬 이슬이 내린다.
오곡백과를 수확하는 시기. | 상강 오기 전
서둘러 얼었구나
차가운 이슬 |

| ⑱ 상강 霜降 | 10월 23일 전후.
서리 내리는 시기.
농사가 마무리된다. | 서리 내리고
차근히 밭 비우네
한숨 돌리네 |

(19) 입동 立冬

11월 7일 전후.
겨울의 시작.

김장 채소를
다듬어 담는 겨울
뿌듯한 시작

(20) 소설 小雪

11월 22일 전후.
첫눈이 내리고
얼음이 어는 시기.
겨울나기를 준비한다.

겨울나기를
준비하는 풀들이
아름다워라

㉑ 대설 大雪

12월 7일 전후.
눈이 많이 내리는 시기.
농한기에 접어든다.

큰 눈 내려와
포근히 덮어 주네
봄 밭 촉촉이

㉒ 동지 冬至

12월 22일 전후.
밤이 제일 긴 날.
낮이 다시 길어지며
'작은 설'이라고도 한다.

농사를 짓는
삶이 더욱 빛나길
새해의 바람

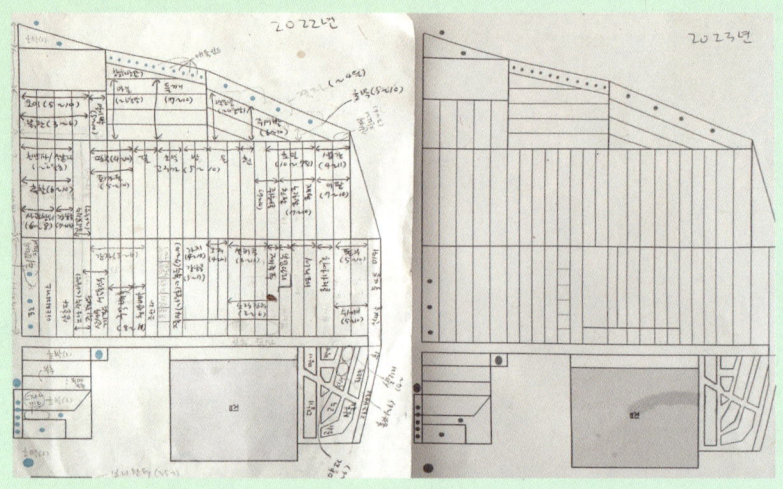

㉓	1월 5일 전후.	올해의 농사
소한 小寒	작은 추위.	어떻게 그려 볼까
	실제로는 가장	난로 옆에서
	추운 시기다.	

㉔	1월 20일 전후.	씨앗이 있어
대한 大寒	24절기의 마지막.	내일을 꿈꾼다네
	겨울을 매듭짓고	봄으로 가자
	봄으로 향한다.	

"비가 오기에 앞서, 서리가 오기에 앞서
그 조짐을 알 수 있다는데, 나는 아직 잘 모르겠다.
그러니 달력에 빼곡히 적어 놓고
거기에 따라 마음의 준비를 하면서
조금씩 자연의 리듬을 몸에 익혀 나간다."

장영란, 《자연달력 제철밥상》 중에서

참고문헌

장영란, 《자연달력 제철밥상》, 들녘
김동철·송혜경, 《절기서당》, 북드라망

두 번째 장

농사지으며 살고 있어요

《빅 매직》이라는 책에서 "예술은 아주 참담한 노동이며
동시에 멋진 특권이다"라는 문장을 본 적이 있다.
나는 이렇게 바꾸어 본다.
"농사는 아주 참담한 노동이며 동시에 멋진 특권이다."

좋아? 좋아!

시골살이를 시작하며 제일 많이 들은 질문이 무엇일까.
 "내려가니 좋아?", "농사지으니 좋아?", "시골 사니까 좋아?" "좋아?" 이 질문에 나는 대부분 "좋아. 그런데 좋은 것도 있고 싫은 것도 있어"라고 답하곤 했다. 서울이라는 큰 도시를 떠나 농사를 짓는 시골로 이사한 것. 그것만으로는 먹고살기 빠듯한 농사일을 하고 있다는 것. 다 좋다. 정말 지금 나의 삶에 만족하냐고? 만족한다.
 그렇다고 시골살이의 모든 것이 너무 좋고 행복하지만은 않다. 그래서 좋은 것도 있고 싫은 것도 있다고 말한다. 하지만 좋고 싫은 것이 다 있는 건 도시에서도 똑같으니까 지금 내가 여기 있다는 건 그 모든 좋음과 싫음에도 불구하고 지금 이곳이 조금은 더 좋다는 의미다.
 자동차가 없으면 나가기도 들어오기도 힘든 시골의 대중교통 체계도 마음에 안 들고, 낯선 이에게 소화하기 힘들 정도로 관심을 보이는 동네 어르신들도 익숙하지 않다. 그래도 도시에서 살 때 겪었던 불안하고 어렵고 불편하던 많은 일보다 지금 새로운 곳에서 겪는 어려움이 나에게는 좀 더 견딜 만한 것이어서, 일과 삶에 대한 근원적 질문에 대답할 수 있는 삶이어서 '싫음'이 없지는 않지만 '좋음'이 더 크다.
 가끔은 이런 대화가 "그럼 나도 근처로 이사할까?"라는 질문으로 연결되기도 한다. 처음에는 우리도 이곳에 오래 살 자신이 없어서 쉽게 대답하지 못했다. 우리도 뿌리내릴 수 있을지 없을지 알 수 없는 곳에 누군가를 연결한다는 것이 말도 안 되는 일이라고 생각했다. 우리도 항상 주변 누군가와 소통하고 함께 살아가는 것을 꿈꾸곤 한다. 하지만 공동체나 이웃이 소중한 만큼 어려운 관계라고 생각하기에 더욱 조심스러웠다. 처음에는 연결해 주는 '우리' 입장에 집중했다면 몇 년이 지난 요즘은 질문을 하는 상대방이 동네와 맞는지 물어보곤 한다.

우리 동네는 1년 내내 거의 조용하지만, 기계를 많이 쓰는 봄과 가을에는 새벽부터 밤까지 기계 소음이 꽤 있다. 집 근처에 가게가 없어 뭔가 사려면 차를 타고 나가야 되고, 밤에는 무척 깜깜한 데다 밖에 나가서 놀 거리가 거의 없다. 동네 사람들끼리 서로 다 알고 있기 때문에 동네에 들어와 살게 되면 도시에서처럼 서로 모르고 살기 어렵고, 오며 가며 인사도 나누고 한마디 이야기도 해야 한다.

나는 원래 도시에 살 때도 사람을 자주 만나지 않았고, 밤에는 보통 일찍 잠드는 데다, 혼자 집에서 사부작사부작 이것저것 하며 노는 걸 좋아하는 편이어서 어떤 부분은 적응하기 어렵거나 힘이 들지 않았다. 오히려 사람을 만나 술 한잔 하는 걸 좋아하는 신범이 외롭거나 심심하지는 않을까 하는 걱정은 가끔 한다.

그래서 이런 질문을 받으면 평소 시간을 어떻게 보내는지, 이런 시골 동네가 본인과 잘 맞는 편인지, 같이 사는 사람이 있다면 그 사람은 어떤지 충분히 생각해 보아야 한다고 말한다. 또 어떤 일을 하고 있는지 물어본다. 집에서 작업할 수 있는 프리랜서인지, 도시와 연결되어 바쁘게 자주 오가야 하는지, 아니면 지역에서 일을 새로 구할지, 농사일을 할지.

만약 도시와 연결되어 자주 왔다 갔다 해야 한다면 아예 시골 동네로 이주하기보다는 교통이 편한 읍내나 광역 전철역 근처로 알아보는 것이 더 나을 수도 있다. 농사를 지을 게 아니라면 시골에서 내가 진짜 바라는 것이 무엇인지 잘 생각해 보아야 한다. 아름다운 풍경인지, 조용한 환경인지, 괜찮은 가격의 집인지 말이다.

그리고 농사를 지을 생각으로 무엇을 준비해야 하는지 묻는 친구들에게는 꼭 미리 경험해 보기를 권한다. 최근에는 농업, 농촌과 관련된 다양한 단체와 시사체에서 귀농 관련 수업을 진행한다. 수업을 하나 정도 듣는 것도 좋지만 우프나 농사 인턴제 등에 참여해 농사일을 여러 날 이어서 해 보면 좋겠다. 시골의 삶, 농가의 생활을 미리 경험해 보고, 익숙한 환경이나 가깝던 친구들과 떨어졌을 때 내 마음이 괜찮을지, 새로운 노동에 몸이 잘 적응할지도 꼭 확인해 보길 바란다.

몇 년 전 북토크 자리에서 20대로 보이는 사람으로부터 "귀농하려고 생각 중인데 돈을 얼마 정도 준비해야 할까요?"라는 질문을 받았다. 나는 고심 끝에 "동네마다 땅값이 많이 다르고 어떻게 살고 싶은지에 따라 필요한 비용이 천차만별이라 얼마라고 말씀 드릴 수는 없지만 제가 자신 있게 모두에게 필요하다고 할 수 있는 것은 근력 운동입니다"라고 대답했다. 말은 쉽지만 나도 신범도 꾸준히 잘하고 있는 건 아니다. 하지만 시간이 지나면서 정말 뼈저리게 느낀다. 농사짓는 삶을 꿈꾸는 사람들이여! 근력 운동을 하자.

비로소 농사 시작

우여곡절 혹은 좌충우돌 끝에 농사를 시작하게 되었다. 아니, 농사를 시작하면서 좌충우돌하는 생이 시작된 것인지도 모르겠다.

간혹 우리에게 텃밭에 무얼 심으면 좋겠냐고 물어보는 사람들이 있다. 매번 어떻게 대답했는지 정확히 기억나지는 않지만 보통은 채소 중 무얼 좋아하냐고 되물었던 것 같다. 사실 텃밭에 무엇을 어떻게 심을지 정하는 방법은 수도 없이 많다. 누구나 키우는 손쉬운 작물을 추천 받아 심을 수도 있다. 남들 다 심는 걸 똑같이 심으면 언제 무얼 해야 하는지 남들 일하는 걸 보면서 따라 할 수 있으니 초보일 때는 좋은 방법이기도 하다.

하지만 나는 내 입에 정말 맛있고 키워서 맛있게 잘 먹을 만한 작물을 키워야 애착도 생기고 열심히 밭도 오가면서 즐겁게 일할 수 있다고 생각한다. 내가 봄에, 여름에, 가을에 꼭 해 먹는 요리에 필요한 재료를 골라 키우면 어떻게, 얼마나 자랄지 기대되고 적은 수확이라도 더 기쁘지 않을까. 집에서 오이지를 담그는 사람이라면 오이지 하기에 좋은 오이 종류부터 찾아보고, 키우는 방법과 요리법을 찾아 가며 키우는 것이다.

아니면 나만의 즐거움을 만들어 볼 수도 있다. 나는 '노란색'을 좋아한다. 그래서인지 토종 씨앗을 만날 때도 이름에 '노랑'이라는 말이 들어가 있으면 관심이 더 생긴다. 지금 우리 집에는 '노랑녹두'와 '노랑팥', '노랑완두'와 '노랑차조'가 있다. 수확할 때도, 씨앗을 고를 때도, 누군가에게 씨앗에 관한 이야기를 할 때도 내가 왜 이 씨앗을 키우는지 한 번 더 생각해 보게 된다. 서로 큰 연관은 없지만 이렇게 모은 노랑 작물로 언젠가 '노랑이 세트'를 만들어 보고 싶은 마음도 있다.

꽃을 좋아하는 사람이라면 꽃밭 같은 텃밭을 그려 보는 것도 가능하다. 많은 수확을 바라는 것이 아니라면 작물은 간격을 좀 여유 있게 두어 드문드문 심고, 그 사이에 작물과 잘 어울리는 꽃을 섞어 심어 보는 것이다. 동반식물 서로 혹은 부분적으로 혜택을 보기 위해 인접하여 재배하는 식물이나 섞어짓기 두 가지 또는 그 이상의 식물을 가까이에 함께 심어 한쪽 혹은 서로의 생장에 도움이 되게 하는 방법으로, 생물 다양성을 높여 생태계를 건강하게 해 준다라 해서 함께 심으면 병충해를 방지한다는, 작물과 궁합이 잘 맞는 식물에 관한 자료도 있다.

모두가 중요하게 생각하는 가치, 살고 싶은 삶, 갖고 싶은 이름은 서로 다를 것이다. 나의 경우 20대에 첫 직장을 다녔을 때와 농사짓기 전 서울에 살 때, 그리고 지금, 내 안의 많은 것이 달라졌다. 그럼 전에는 틀렸고 지금이 옳은 걸까? 내가 지금 내 앞에 마주치는 현실에 관해 충분히 고민하고 선택하고 노력한다면 그 모든 것에 가치가 있다고 생각한다.

우리에게 농사는 돈을 버는 일이라기보다는 우리가 원하는 삶의 방식을 추구하는 일에 가깝다. 농사와 일상생활이 따로 떨어져 있지 않고 우리의 정체성이라는 큰 틀 안에 함께 있다. 그래서 농사와 일상 양쪽 모두에서 우리가 원하는 그림을 그리기 위해 노력하고 있다.

　예전에 《망원동 에코하우스》라는 책을 읽었을 때 본인이 원하는 삶을 자신의 집으로 구현하기 위해 노력하는 저자에게 깊은 인상을 받았다. 생태적인 삶을 꿈꾸는 저자는 자신의 실천이 일상에서 지속적으로 이루어질 수 있도록 삶의 공간을 재구성했다. 물을 적게 쓰는 변기와 세탁기, 허드렛물을 베란다로 보내 재사용할 수 있도록 해 주는 싱크대 등 저자가 만들어 낸 작은 변화들이 기억에 남았다. 우리도 우리의 생각과 일상생활, 농사가 하나의 맥락 안에 있는, 그런 삶을 살아가고 싶었다.

　일상에서 일회용 포장 제품을 덜 사고, 농사에서 멀칭 비닐 등의 쓰레기를 가능한 한 덜 만들기 위해 노력하는 일은 사실 하나다. 농사일에 기계를 최소화하는 것처럼 자동차 운전을 최소화하는 동선을 생각한다. 채소를 씻는다거나 나물을 데칠 때 나오는 주방 허드렛물은 하수구로 버리는 대신 모아서 밭에 주고, 음식물쓰레기는 퇴비로 만든다. 재사용이 가능한 물건은 최대한 다시 쓰고, 재활용이 가능한 쓰레기는 깨끗이 씻어 말려 각각의 재질로 구분해 배출하고 있다. 가끔 서울에 나갈 때는 제로웨이스트 가게에 들러 자주 쓰는 몇 가지 물건을 포장 없이 구입하고 있다.

　여러 이야기를 했지만 우리도 실패할 때가 많다. 태양광 발전이나 패시브하우스는 시도해 보지도 못했고, 우리가 해 온 작은 시도는 정말 사소해서 세상에 어떤 영향도 미치지 못하는 것처럼 보이기도 한다. 우왕좌왕할 때도 있고 가끔은 무너지는 마음을 세우려 애쓰기도 한다. 완벽하지는 않아도 그저 지금 이 자리에서 우리가 생각하는 것을 시도해 보고, 다른 이들과 만나 생각을 나누며 조금씩 앞으로 나아가는 중이다.

    우리는 농사로 생계를 유지한다는 생각은 처음부터 하지 않았고, 농사와 다른 일을 함께 해 나가는 삶을 생각해 왔기에 농사 규모도 방식도 일반적인 상업농과는 다른 면이 분명히 있다. 하지만 아무리 작은 밭이라 해도 두 사람이 먹고살기에는 너무나도 많은 것을 내준다. 그래서 수확물을 팔게 되었고, 우리가 좋아하는 농사로 먹고살 수 있기를 바라며 이런저런 시도를 하는 중이다.

그렇게 우리는 우리가 그리는 그림 안에서 당장 할 수 있는 방식의 농사를 시작했다. 하지만 농사를 경험하며 판매를 위한 작물을 고민하기도 하고, 판매 방식이나 농사 방식을 더 고민해야 하는 상황에 직면하기도 한다. 우리의 농사를 설명하는 일도 조금씩 변하고 있어 누군가에게 분명하고 단단한 언어로 설명하는 일이 부담스럽게 느껴지기도 한다.

농사를 짓는다고? 왜?

재미있어서요. 왜 그게 그렇게 재미있었을까요?

양평으로 이사 오기 몇 년 전까지 우리는 농사와 큰 연관이 없는 삶을 살았다. 양가 부모님도 농사를 짓지 않았고, 둘 다 서울에서 직장 생활을 하고 있었다. 다만 둘 다 환경문제에 관심이 조금 있었을 뿐이었다. 언제부터 농사에 관심이 있었는지 떠올려 보았다. 신범은 처음에 동아리 친구들과 함께 노들섬에 있는 서울시 도시 텃밭을 분양받아 작은 텃밭 농사를 시작했고, 그때쯤 나는 빌라 건물 옥상에 그로백 grow bag 몇 개를 올려놓고 옥상 텃밭을 시작했다. 상추랑 케일 두어 포기를 심고 채소가 자라는 것을 구경하는 재미는 있었지만, 옥상까지 물을 나르느라 더운 여름에는 꽤 고생스러웠던 기억이 있다. 신범과 친구들의 텃밭에는 고구마를 캐거나 겨울 전에 하는 마지막 밭 정리 같은 큰일을 할 때 도와주러 몇 번 갔었는데, 그 시간이 너무 재미있었다. 종종 신범이 들고 오는 예상치 못한 수확물을 어떻게든 요리해서 먹어 보려고 이것저것 시도해 보는 등의 경험을 하면서 무언가 눈이 뜨인 것 같다.

  요리를 좋아하는 편이었지만 곰곰이 생각해 보면 마트에서 재료를 살 때도 주로 사는 것만 구입했다. 가공식품이나 조미료 같은 것을 많이 사용하지 않는다고 생각했지만 자세히 들여다보면 두부, 어묵, 소시지, 라면 같은 것에 김치나 채소를 더해서 이렇게 저렇게 만들어 먹은 적이 많았다. 채소도 양파, 감자, 당근, 양배추, 콩나물,

애호박같이 마트에서 항상 살 수 있는 것, 익숙해서 쉽게 손이 가는 것만 주로 먹어 왔다. 하지만 텃밭을 하면서 갑자기 루콜라, 알타리무, 아욱 등 한 번도 만져 보지도, 살 생각을 해 보지 않았던 것들을 만날 수 있었다.

다행히 먹어 본 적 없는 음식을 가리거나 요리를 꺼리는 편이 아니라서 인터넷 검색을 하면서 새로운 시도를 하는 시간이 즐겁고 재미있었다. 수확물은 함께 텃밭을 가꾸는 친구들과 나누기도 하고 누군가 요리를 해 와서 나누어 먹기도 했다. 뭘 알고 키운 게 아니라서 대부분 일단 그 재료로 할 수 있는 요리를 찾아 무작정 해 보았다.

처음 해 본 알타리무 김치는 양념이 잘된 것 같아 텃밭에 들고 갔는데, 먹어 보니 무에 바람이 들어 식감이 뻣뻣했다. 그래도 텃밭을 같이 하는 친구들과 맛있다고 호들갑을 떨며 즐겁게 나누어 먹었다. 루콜라 씨앗을 한 봉지 뿌려 보니 고급 채소인 줄 알았던 녀석이 까다롭지 않아 싹이 족족 다 올라오고 노지에서도 아주 잘 자란다는 사실을 알게 되었다. 처음에는 피자에 올려 먹고, 샐러드에 섞어 먹고, 비싼 루콜라를 실컷 먹어 본다고 신이 나서 나누어 가져갔다. 하지만 나중에는 먹어도 먹어도 끝이 없어 아무도 가져가지 않으려 했다. 게다가 주말에만 가서 물을 주니 물이 적었는지 맛이 엄청 매웠다. 생김새를 보고 매운맛도 그렇고 열무랑 비슷하지 않을까 하는 생각에 남은 걸 잔뜩 가져다가 물김치를 만들어 본 적이 있었는데 독특한 향 때문에 결국 아무도 먹지 않은 슬픈 기억이 있다.

텃밭에서 이어진 이런 시간이 무척 즐거웠고 그 과정을 경험하며 농사가 우리 삶과 얼마나 밀접한지, 그리고 농작물과 그것을 먹는 내가 어떤 관계를 맺고 있는지 느낄 수 있었다. 노들텃밭이라는 공간에서 할 수 있었던 다양한 경험이 이런 생각을 하는데 큰 영향을 주었다. 노들텃밭에서 처음으로 모내기도, 밀사리 밀을 불에 그슬려 먹는 것을 이르는 말도 해 보았다. 또 어르신들이 소를 데리고 와서 전통 방식으로 논에 써레질하는 것도 구경할 수 있었다. 텃밭 옆 작은 숲에서 진행하는 도시 양봉 수업도 들었다. 수업 말미에 텃밭 앞 쉼터에서 채밀 꿀을 뜨는 일을 해서, 텃밭 친구들과 신나게 나누어 먹었던 기억이 난다. 농사에 땅과 나와 작물은 물론 곤충이라는 요소까지 필요하다는 사실을 그때 알게 되었다. 여행을 다녀온 후에도 한 해 더 텃밭을 분양받았는데, 그때 텃밭에서 진행한 도시농부학교 강의를 무척 재미있게 들었다. 토양학이나 토종 씨앗 같은 새로운 세계를 만나게 된 것이다.

그렇게 친구들과 함께 어리바리하게 시작한 텃밭이었는데 덕분에 많은 경험을 했다. 모르던 세계를 알게 된 즐거움, 식물을 키우는 즐거움, 땀 흘리는 노동의 즐거움, 먹는 즐거움, 사람을 만나는 즐거움. 농사가 이런 거라면 내 삶의 일부분으로 만들고 싶다고 생각했다. 살면서 어떤 일을 하든, 무언가를 생산하든, 결국 불필요한 잉여를 만들어 내기 마련인데 농사는 인간의 삶에 필수 불가결한 것이고 농사일이 재미있으니까 한번 해 보자, 하는 마음도 있었다.

좋은 먹을거리, 안전한 먹을거리를 생산해야겠다! 농사를 지어 땅을 살려야겠다! 그런 큰 결심이 아니라 그냥 '한번 해 보고' 싶었다. 내가 정말 농사를 지으며 살 수 있을까, 농부로 살 수 있을까, 하는 막연한 질문에 답하려면 일단 해 보아야 알 수 있다고 생각했다. 내가 이렇게 살 수 있을지 없을지, 가능성이 몇 퍼센트인지 계산할 수 있는 게 아니니 직접 해 보아야 '농부로 살 수 있구나, 없구나, 이건 도저히 안 되는구나, 노력하면 되겠구나' 하는 결론을 낼 수 있으니까.

그런데 실제로 농사를 짓게 되니 내가 엄청난 선택을 한 대단한 사람 또는 안쓰러운 사람으로 보이는 것 같다. 가만히 보면 나한테만 특별히 그런다기보다 젊은 농부들을 바라보는 시각이 대부분 그렇다. 미디어에 등장하는 농부 관련 기사를 떠올려 보면, '명문대 출신'이나 '대기업 퇴사' 등이 유망한 젊은 농부를 수식하는 말로 많이 등장한다. 이유가 무엇일까. 다른 뭔가를 할 수 있는 유망한 사람이 굳이 농사를 선택했다는 설명을 덧붙이는 이유 말이다.

내가 만약 누구나 알 만한 대기업에 들어갔다면 왜 거기에 들어갔는지 물어볼까? 공무원 시험에 붙었다면 왜 공무원이 되겠다고 결심했냐며 안쓰러워하거나 대단하게 볼까? 왜 농사짓는 사람은 힘든 일을 자처하는 안쓰러운 사람으로 여겨질까? 왜 대기업을 그만두고 농사짓는 사람들, 좋은 대학을 나와 농사짓는 사람들은 무언가를 포기한 대단한 사람으로 여겨질까?

왜 농사를 짓게 되었냐는 질문에는 개인의 호기심이 담겨 있겠지만 농업에 대한 사람들의 인식이 묻어 있다. 굳이 이유를 물어보는 데에는 사회에서 통용되는 삶을 향한 공통적인 욕망 혹은 '더 나은 삶'에 관련한 고정관념이 깔려 있다. 명문대에 가고 대기업에 다니는 건 모두가 욕망하는 삶의 모습인데, 그것을 버리고 농사를 짓는 것에는 납득할 만한 이유가 필요하다는 생각. 농민의 삶은 사람들이 모두 원하는 삶, 일반적이거나 더 나은 삶이 아니라는 생각이 드러나는 것이다. 농부가 없다면, 농산물이 없다면 우리는 삶을 유지하기 어렵겠지만 그 일은 누군가가 해 주는 거지 잘 배우고 돈을 잘 벌 수 있는 젊은이가 할 일은 아니라는 말이 아닐까.

내가 왜 이런 선택을 했는지 많은 사람에게 질문을 받는다는 것은 나 자신을 대단한 사람으로 느끼게 해서 우쭐하게 만들 때도 있지만, 수용받거나 이해받기 위해 매번 내 선택에 관해 설명하고 이해시켜야 한다는 피로감을 줄 때도 있다. 대학에 가거나 결혼을 하는 것이 '일반적인' 선택인 곳에서는 대학에 왜 가지 않았는지, 결혼을 왜 하지 않았는지, 그 이유를 설명해야 하는 것처럼 내가 일반적인 선택을 하지 않았다는 사실을 계속 되새기게 된다.

재미있어서요.

내가 지구에 도움이 되는 삶을
살고 있다는 느낌이 들어서요.

없어지지 않는 쓰레기를 만들어 내는 것이 아니라
인간의 생존에 꼭 필요하고 도움이 되는
무언가를 생산한다는 것이 마음에 들어서요.

언젠가 이런 대답을 아무렇지 않게 할 수 있기를 기대해 본다.

무슨 농사? 어떤 농사!

농사를 짓는다고 하면 그다음에는 "무슨 농사 지어요?" 혹은 "뭘 키우세요?"라는 말이 따라오곤 한다. 보통 "쌀이요", "고추 농사를 해요", "사과랑 복숭아를 키워요", "화훼 농가입니다", "고구마랑 옥수수 농사를 합니다" 같은 대답이 일반적일 것이다. 어쩌면 이런 대답은 몇 가지 작물을 어느 정도의 규모로 생산하는 지금의 상업적 농업을 보여 주는 말이기도 하다.

보통 귀농을 하고 농사를 시작한다고 하면 지역을 선택하고, 작물을 고르고, 이 작물은 평당 수확량이 얼마고, 그렇기에 몇 평의 땅에서 대략 얼마의 소득이 나온다는 계산법을 배우게 된다. 어떤 방식의 농사를 지을지보다 예상 수입에 맞추어 무슨 작물을 얼마만큼 키울지 결정하게 되는 것이다.

우리의 농사는 무엇을 키우기 위해 시작한 것이 아니라 어떤 삶을 살고 싶은지 찾아보다가 그 삶의 방법 중 하나로 택한 것이다. 어떤 삶을 살고 싶은가? 내 삶이 어떤 방향으로 나아가면 좋겠는가? 우리는 그 질문에 "자연과 함께 살아가고 싶다"라고 답했다. 자연과 함께 살아가는 방법 중 하나로 농사를 선택하고 지금은 무엇이 그 농사 방법과 맞는지 찾아가고 있다.

이 글을 쓰면서 농사짓는 삶에 지나치게 의미를 부여하는 건 아닌가, 하는 생각도 해 본다. 농사짓는 삶만이 진지하고 심각한 질문의 답은 아니며, 도시의 삶도 같은 질문이 적용된다고 생각한다.

"저는 무엇을 하고 있습니다"라는 말은 현 상태만 보여 준다.

회사에 다닌다. 장사를 한다. 공무원이다. 공부를 한다. 이런 말로 나를 다 정의할 수는 없다. 그 말에는 어떤 삶을 살고 있는지, 어떤 삶을 향해 가는지는 담겨 있지 않다. 그냥 한 시점의 내 상태만을 언급할 뿐이다. 나의 길 위에서 회사에 다니거나 장사를 할 수도 있고, 일을 쉬거나 여행을 할 수도 있다. 모순되거나 서로 다른 것처럼 보이는 각각의 것들이 한 명의 삶에 섞여 있다는 사실은 전혀 이상한 일이 아니다. 그저 내 삶을 구성하는 궤적의 일부일 뿐이다. 이제는 평생직장이라는 말조차 낯설어지고 투잡, 스리잡을 넘어 'N잡러'라는 말까지 나오는 시대니까, 한 사람을 그 사람의 직업이나 직장으로만 판단하는 것을 그만두어야 할 때가 온 것이 아닐까.

사람 안에는 엄청 다양한 욕망이 있다. 졸업해야지, 대학에 가야지, 취직해야지. 많은 이에게 공통으로 주어지는 이 같은 하나의 목표를 달성한다고 다 똑같은 성취감을 느끼지는 않는다. 하나의 목표를 달성한다고 성공한 인생이 되는 것도 아니다. 오히려 하나를 성취하고 나면 그다음에는 다른 고비가 닥친다는 사실을, 사람들이 말하는 일반적인 목표 의식으로는 나 자신의 욕망을 모두 설명할 수 없다는 사실을 이제는 많은 이가 느끼고 있지 않을까.

돈 모으기와 재테크에 관심이 많았던 저축은행에서 일하던 시기의 나도, 저축은행을 그만두고 사회에 도움이 되는 일을 하고 싶다고 '아름다운가게'에서 일하던 나도, 손작업하는 친구들과 함께 일하는 게 재미있어 사회적 기업 '문화로놀이짱'에서 일하던 나도 모두 다르지만 같은 사람이고, 그 과정을 거쳐 지금의 내가 있다.

그때의 나도, 지금의 나도 보람 있는 인생을 살고 싶고, 사회에 도움을 주는 사람이 되고 싶고, 자연에 해를 덜 끼치는 삶을 살고 싶다. 그 길 위에 서 있다 보니 지금 이곳에 와 있다. 사람들에게 지금 무얼 하는지도 중요하지만 어떤 삶을 살고 싶은지가 더 중요했으면 좋겠다. 직업이 무엇인지보다 어떻게 살고 싶은지를 궁금해할 수는 없나. 무슨 농사를 짓는지 묻기보다 어떻게 농사짓고 있는지 물어보는 것은 불가능할까.

우리의 농사는 처음부터 판매를 염두에 두지 않았기에 "무엇을 키우는 농부입니다"라고 대답할 준비가 되어 있지 않았다. 우리가 먹기 위해 다양한 제철 채소를 키우는 것으로 시작해서 지금은 수십 가지 작물을 노지 농사가 가능한 모든 기간에 다양하게 수확할 수 있도록 계획해서 키우고 있다. 가능한 한 토종 작물을 구하고 씨앗으로 심고 씨앗을 받는 농사다. 자연에 해를 덜 끼치고, 자연의 흐름에 맞추어 자연스러운 농사를 짓고 싶기 때문에 실험하고 연구하고 그에 맞게 변해 가는 과정의 농사인 것이다.

그렇지만 "무슨 농사를 짓나요?"라는 질문에 지금처럼 길게 답할 수는 없으니 간결하게, 사람들이 쉽게 이해할 수 있는 언어로 "다품종 소량 생산합니다. 제철 꾸러미를 보낼 수 있도록 토종 작물을 비롯해 여러 작물을 심어요"라고 대답하곤 한다.

더 많이 심고 더 많이 거두면 안 되나?

"더 많이 가져올 수 없나요?"

농부시장에서 만난 소비자가 우리에게 한 말이다. 종합재미농장의 작물은 양이 너무 적어서 '감질난다'는 말과 함께 우리에게 던져진 이 질문. 뭐 크게 낯선 말은 아니다.

 농사를 시작한 첫해 여름, 처음 경작한 땅은 우리에게 넘치는 수확을 선물했고, 둘이 먹기에는 너무 많은 가지와 오이와 고추를 보며 이것들을 팔아 보자고 생각했다. 어디에서 우리 농산물을 팔 수 있을까 고민하다가 서울에 살 때 소비자로 자주 참여했던 농부시장 마르쉐@를 떠올렸다. 출점을 위해 우리가 어떤 농사를 짓고 있는지, 왜 마르쉐@에 출점하고 싶은지 이메일에 적어 보냈다.

 드디어 처음으로 생산자로서 마르쉐@를 방문했다. 우리가 먹기에는 너무 많은 것을 바리바리 싸 들고 농부시장에 나섰는데, 장터 테이블 위에 올려놓고 보니 너무 소박한 양이어서 부끄러울 지경이었다. 재미있게 '모든 것이 한정판'이라는 문구를 써 붙였지만 남과 비교하기 시작하니 마음이 한없이 쪼그라들었다.

 둘이 먹으려고 했을 때는 오이지를 담그고, 피클을 만들고, 렐리시 relish, 채소나 과일을 잘게 다져 양념과 함께 끓인 보존음식으로 주로 다른 음식에 곁들여 먹는다를 만들어도 오이가 계속 달려 다 먹을 수 없었다. 가지를 썰어 말리고 가지 처트니 chutney, 채소나 과일에 식초, 설탕, 향신료 등을 넣어 만든 일종의 소스로 인도 음식에서 유래했다. 재료나 조리방법이 매우 다양하며, 카레 등 여러 가지 요리에 곁들여 먹는다를 만들고도 남아서 가지로 만들 수 있는 보존식품이 뭐가 있을까 인터넷을 한참 동안 검색하기도 했다. 마르쉐@는 가족농이나 소농 등 소규모 농사를 짓는 사람들이 주로 나오는 장터임에도 이날의 경험은 내가 먹기 위한 농사와 판매를 위한 상업적 농업은 규모가 다르다는 걸 확실히 느끼게 했다.

시장에서 만난 농부들은 땅을 더 빌리라고 조언했다. 더 많이 수확해서 더 많이 팔아야 돈을 벌 수 있다고 했다. 나는 "저희는 손으로 농사를 지어서 규모를 늘리려면 사람을 더 갈아 넣어야 됩니다"라고 말하고 웃어 버렸다. 기계를 쓰지 않는 우리 농사의 규모를 더 키우려면 시간과 노동을 더욱 많이 투입해야 하는데, 그렇게 할 수 있을까? 나는 자신이 없었다. 농사에 익숙하지 않은 우리가 지금 할 수 있는 수준은 딱 이만큼인데 앞으로도 그 한계를 알고 어디까지 할 수 있을지 결정을 내리는 것이 쉽지는 않겠구나, 하는 생각이 들었다.

'더 많은'으로 향하는 길은 결과와 상관없이 누구나 쉽게 말할 수 있다. 우리 사회에서 '더 많이'는 나쁜 말도 아니고 상대방을 걱정한다는 좋은 의도가 담긴 말이기에 건네기도 쉽다. 한창 유행하던 새해 인사가 "돈 많이 버세요! 부자 되세요!"였을 정도인데 누가 '돈 많이' 벌라는 말을 싫어하겠는가.

그렇지만 돈을 더 많이 벌기 위해서는 더 많은 팔 것이 필요하다. 더 많은 수확을 거두기 위해서는 더 큰 땅이 필요하고, 더 많은 노동력을 투입해야 한다. 더 큰 땅에서는 사람 손만으로 농사짓기 어렵기 때문에 기계가 필요하다. 더 많은 열매를 수확하기 위해서는 물이나 양분도 더 많이 필요하다. 기계와 물과 양분은 돈을 주고 사야 한다. 결국 더 많은 돈을 벌기 위해서는 더 많은 돈을 써야 한다. '더 많은 돈'을 위해서 무엇을 팔지, 무엇을 키울지 고민하기 시작하면 꼬리를 무는 고민에 빠지게 된다. '더 많은'보다 나에게 '더 나은 삶'으로 향하고 싶었다.

농사, 농업, 농부, 농민, 농업 경영자.

농업이라고 다 숭고하고 의미 있는 것은 아니라고 생각한다. '더 많은'의 굴레에 갇혀 버린 농업은 수많은 것을 소비하는 블랙홀 같다. 철마다 유행하고 사라지는 패스트 패션을 위해 필요한 더 많은 목화. 그 목화를 키우기 위해 사용하는 농업용수 때문에 말라 버린 강과 바다. 더 많은 수확을 위한 제초제와 살충제. 화학약품으로 망가져 버린 땅. 그렇게 무너져 가는 생물 다양성과 지역 먹을거리 체계의 문제.

거대한 농업의 수확물은 주변에 넘쳐난다. 라면과 과자뿐 아니라 분유까지 우리가 먹는 수많은 가공품에 들어가는 팜유의 원재료는 아프리카가 원산지인 기름야자다. 기름야자는 안정성이 좋고 가격경쟁력이 있어 식용유 시장의 많은 부분을 차지한다. 고온다습한 열대 지역에서 잘 자라는 특성 덕분에 전 세계 팜유의 절반 이상은 말레이시아와 인도네시아에서 생산된다. 그리고 팜유 생산은 그 두 나라의 숲을 파괴하는 주원인으로 꼽힌다. 열대우림에 불을 내고 파괴된 숲에 거대한 규모로 기름야자를 심는다. 이런 과정에서 숲에 살던 동물들이 쫓겨나고, 숲을 기반으로 자급자족하며 살아가던 지역 사람들은 숲이 망가져 삶의 기반이 흔들리고, 결국 거대 플랜테이션의 임금노동자가 된다.

 비슷한 예는 수없이 많다. 커피, 아보카도, 카카오 등 전 세계적으로 많은 사람이 소비하는 먹을거리가 있다. 얼마나 많이 키우기에 우리나라 사람들이 하루 몇 잔씩 커피를 마시고 사방에서 아보카도와 초콜릿을 팔 수 있는 것일까. 생산량과 소비량이 점점 많아지는 전 세계적인 상품은 규모가 어느 정도인지 상상하기 어렵다. 이런 상품을 키우기 위한 농장은 점점 더 늘어나고 있고, 농장을 만들기 위해 사람들은 더 많은 숲을 개간한다. 이러한 농장을 운영하기 위해 점점 더 많은 사람이 자기가 먹을 것을 키우지 못하고 돈이 되는 작물을 키우고 있다.

 누군가는 우리에게 굶주리는 사람들을 먹여 살리려면 더 많이 수확할 수 있는 농사를 지어야 한다고 하지만 나는 다시 묻고 싶다. 지금 여기 우리에게 정말 식량이 부족한가? 부족하다면 기호식품인 커피와 차와 아보카도 대신 굶주리는 사람들의 배고픔을 해결할 수 있는 식량 농사를 짓고, 팜유와 목화, 동물 사료용 농사를 짓는 대신 사람이 먹을 농사를 짓는다면 해결되지 않을까.

 상품작물을 포기할 수 없다면 현재의 유통 체계에서 버려지는 음식물 쓰레기는 어떠한가. 유엔환경계획 UN Environment Program의 '2021 음식물 쓰레기 지수 보고서 Food Waste Index Report 2021'를 보면 2019년 전 세계 식량 생산량의 17퍼센트가 쓰레기로 버려졌다고 한다. 이 지구상의 누군가가 굶어 죽을 때, 전 세계 식량의 5분의 1에 가까운 양이 가정·식당·마트에서 음식물쓰레기로 버려지고 있다는 것이다. 그렇지만 대부분은 이 불합리한 체계에 질문을 던지기보다 관행농보다 수확량이 적은 유기농이나 생태 농사를 짓는 농부들에게 식량 생산의 의무를 다하지 못했다는 듯 질책하는 질문을 던지곤 한다. 그래서 굶어 죽는 사람들을 먹여 살릴 수 있겠냐고.

식량을 사 먹기 위해 돈을 벌어들이는 농사를 지어야 하는 모순은 자신이 먹을 것을 키운다면 해결되지 않을까. 이렇게 된다면 유통과 판매 과정에서 버려지는 음식물 쓰레기 또한 해결할 수 있지 않을까. 현실에서는 그 해결책을 실행하지 못할 정도로 더 많은 권력관계가 얽혀 있지만 말이다. 권력관계라는 건 결국 나 아닌 다른 사람들의 욕망이 부딪치는 '힘 싸움' 아니겠는가.

더 많이 키울 수 없느냐는 질문에 어떻게 답할지 생각하다 여기까지 왔다. 생각이 꼬리에 꼬리를 물어 결국은 질문으로 가득한 내 머릿속에 "왜 더 많이 키워야 하나요?"라는 답이 떠오른다. 자연이 주는 것을 감사히 받아서 낭비하지 않고 충분히 맛있게 먹는 것으로 만족하고 싶다.

토종은 뭐가 다르지?

우리 밭에서는 토종을 포함해 다양한 작물의 씨앗을 받아서 심어 키운다. 씨앗에서 시작해 싹을 틔우고 다시 씨앗을 남기기까지 이 땅에서 자라는 작물의 시간은 씨앗으로 이어져 우리에게 남는다. 이렇게 우리가 이어 가는 씨앗 중에는 토종이 아닌 것도 있지만 작물의 반 이상은 토종 씨앗으로 키운다. 처음부터 이렇게 농사를 짓지는 않았다. 하지만 우리가 농사짓는 방식에는 씨앗을 직접 심고 키우는 농사가 더 잘 맞는 듯해서 조금씩 토종으로 바꾸어 왔다.

수확물을 시장에서 판매하다 보면 사람들이 물어본다. "토종이 뭔가요? 이건 뭐가 다른가요?" '토종'이란 무엇일까. 임진왜란 때 우리나라에 들여왔다던 고추도 토종이라 부르는 종류가 있고, 외국에서 들여온 허브라 생각되는 고수도 토종이 있다고 한다. 원래 토종이란 우리나라가 원산지인 작물이 아닌가? 표준국어대사전을 보면 토종은 "본디부터 그곳에서 나는 종자"라고 되어 있고, 농촌진흥청 홈페이지에는 "그 땅에서 나는 본래의 종자"라고 되어 있다. 즉, 토종이란 예전부터 그 땅에서 나고 자라던 씨앗을 의미한다. 오랫동안 토종 씨앗 보존 활동을 해 온 비영리 민간단체인 '토종씨드림' 홈페이지에도 들어가 보았다. '토종씨드림'에서 정의한 토종은 "일정한 장소에서 순계로 장기간에 걸쳐 그 지방의 자연환경에 적응한 그 지방 특유의 생물로, 자생종과 재래종을 모두 포함한다"고 되어 있다. 좀 어렵지만 간단히 말하면 오랜 기간 한 지역에 적응해 특유한 고정된 성질을 갖게 된 식물이라 말할 수 있겠다.

개량종은 원래 있던 작물의 특별한 점을 부각해 개발한 작물이다. 특정한 병에 강하다거나, 가뭄에 강하다거나 하는 식으로 개량된 부분에 특별한 강점을 지니고 있다. 개량종 씨앗이 특정 분야 전문가라면, 토종은 두루두루 일 잘하는 일반인 정도의 느낌이랄까. 토종은 특별한 강점은 없지만 생의 긴 시간 동안 겪은 이런저런 질병에도 멸종되지 않고, 가뭄이나 홍수에도 죽지 않고 살아남아 씨앗을 남긴 작물이다.

종자회사에서 판매하는 씨앗 중 '노각오이'가 있다. 노각은 늙은 오이를 의미하는데, 노각오이는 말 그대로 심어서 열매가 달리면 빠르게 늙어서 노각이 되는 오이라고 들었다. 그에 반해 '다다기오이' 등 일반적으로 판매되는 오이는 심었을 때 날씬하고 푸른 열매가 많이 달린다. 그냥 두면 늙어서 노각이 되기는 하지만 맛이 별로라고 들었다. 근데 토종 오이는 심으면 날씬하고 푸른 오이가 달리고, 시간이 지나 늙으면 자연스레 통통해지며 노각이 된다. 이것을 두 가지 상품으로 새로 '개발'하면 원하는 상품을 많이 빠르게 얻을 수 있겠지만 '많이'와 '빠르게'를 지운다면 기존 토종 오이로 천천히 두 가지를 다 맛볼 수 있는 셈이다. 토종을 키우지 않고 개량종을 키우는 이유는 이 '많이'와 '빠르게'로 설명될 것이다.

토종은 겉모양만 보자면 시중 판매되는 농작물에 비해 알맹이가 좀 작거나, 수확량이 다소 적다. 종류를 따져 보아도 요즘 유행하는 채소나 곡식이 아닌 경우가 대부분이다. 일반적인 채소와 비슷한데 이름과 모양이 조금은 낯설다. 맛은 좀 다른 것도 있고 비슷한 것도 있다. 하지만 세상에 맛본 적 없는 새로운 맛이나 요리법이 있는 경우는 드물다.

일반적으로 새로운 작물은 미디어에서 특이한 점을 부각하거나 몸에 좋은 성분이 들어 있다는 식으로 알려 접하게 되니 약간 낯선 토종 작물에 관해서도 그런 걸 물어보는 게 익숙한 것 같다. 숲속의 버터 아보카도, 눈에 좋은 블루베리, 이렇게 딱 떨어지는 설명이 붙어 있어야 기억에 남고 성공한 마케팅이라 평가 받는 현대사회니 말이다.

외국에서 새로운 채소나 과일을 들여올 때 보통 우리는 그 작물의 장점과 효능을 먼저 알게 된다. 신품종이 나올 때도 일반적으로 기존 작물에 비해 비타민이 많다거나 항암 성분이 들어 있다거나 하는 식의 설명이 붙는다. 하지만 토종 작물은 특별히 수입·개발하거나 판매하는 주체가 없다 보니 작물에 포함된 특정 효능이나 성분이 연구되어 알려지는 일이 그리 많지 않다. 혹시 누군가 비용을 투자해 연구실에 맡긴다면 조금이라도 특별한 점을 발견할 수 있을지도.

다르지만 특별하지 않다. 특별하지 않아도 존재할 가치가 충분하다. 물론 내게 토종 씨앗 자체는 특별하다. 그것은 맛이 다르거나 특이한 성분을 함유하고 있기 때문이 아니다. 그렇게 따지면 다양한 외래종 식물의 맛이 더 독특하고 성분도 더 특이하다. 토종의 특별함은 그 씨앗이 살아남은 이유에서 찾아야 한다. 경제성과 가성비 같은 것을 제1명제로 삼는 우리 사회에서 경제성이 떨어짐에도 살아남았다는 점이 일단 특별하다. 많이 수확할 수 있고, 효능이 연구되고, 대량 유통하기 쉬운 개량종 씨앗이 수도 없이 많음에도 불구하고 농부가 굳이 씨앗을 받고 보관해서 다시 심는 데는 이유가 있다는 생각이 들지 않는가. 편하게 모종상에 가서 모종을 살 수도 없고, 소비자는 이름도 잘 모르고, 수확량이 적어서 판매하기도 쉽지 않아 잊히고 있는 씨앗을 말이다.

　토종 씨앗을 수집해 온 사람들 이야기를 듣다 보면 지금까지 남은 씨앗에는 합당한 이유가 있다고 한다. 계절마다 꼭 해 먹는 요리의 재료라거나, 식구가 좋아하는 맛이라거나, 농부 입에 다른 개량종보다 월등히 맛있다거나, 어머니가 물려준 씨앗이라거나, 하는 이유 말이다. 토종은 어쩌면 이렇게 오랫동안 사람 주변에서 같이 살아온 식물을 부르는 이름이라는 생각이 든다. 그러면 질문을 바꾸어 본다. 우리는 왜 굳이 토종을 키울까.

　사실 우리는 토종과 토종은 아니지만 씨앗을 받아 다시 심는 씨앗도 같이 키우고 있다. 꼭 우리나라 토종이 아니더라도 씨앗을 받고 이어 가는 일에는 많은 의미가 있다. 시장에서 판매되는 개량종 씨앗은 대부분 F1 잡종 종자 우수한 부모 종자를 교배해 얻은 형질이 우수한 종자지만 세대가 거듭되면서 유전적 분리 또는 잡종 강세가 줄어들면서 수량이나 생산성이 현저히 줄어드는 종자 거나 '터미네이터 종자 다음 세대에서는 전혀 발아되지 않아 씨를 받아 키울 수 없는 종자'라 그 작물을 계속 키우고 싶다면 해마다 종자 회사에서 씨앗을 사야 한다.

　토종 씨앗은 오랜 시간 성질을 고정적으로 유지해 오던 것들이라 씨앗을 받아 심으면 대부분 제 모습 그대로의 작물이 나온다. 개중 교잡이 잘되는 녀석들은 특별히 신경 써야 하지만 대부분 그대로 씨앗을 이어 갈 수 있다. 종자·종묘 회사에서 씨앗 혹은 모종을 살 필요 없이 농부가 계속 키워 나갈 수 있다.

씨앗을 심고 해마다 다시 씨앗을 받는다는 건 그 지역의 토양과 기후에서 자란 작물 중 그 작물 특유의 형태와 특징이 가장 잘 발현된 개체를 골라 씨앗을 남기는 일이다. 지금은 겪어 본 적 없는 장마나 가뭄, 한파와 이상 고온이 툭 하면 찾아오는 기후 위기의 시대다. 냉정하지만 식물은 해마다 거기에 적응해서 살아남지 못하면 다음을 기약할 수 없다. 결국 씨앗을 이어 가는 농부가 하는 일이란 변화하는 토양과 기후에 제일 잘 적응하면서도, 제 모양 그대로 자기 성질을 잘 담으면서도, 실하게 자란 녀석의 씨앗을 남기는 일이다.

그래서 토종은 오히려 돈이 없고 경험이 부족한 젊은 청년과 잘 맞는 작물이라고도 생각한다. 토종은 다양한 경험을 해 온 작물이다. 그 씨앗이 살아남은 시간에는 심한 가뭄도 있었고, 아주 긴 장마와 거친 태풍도 있었을 것이다. 토종은 개량 작물처럼 최고의 수확량을 보증할 수는 없지만 최악의 상황은 만나지 않도록 해 줄 수 있다. 잘 키우기 위해 어떤 비료를 몇 포대 넣고, 농약을 언제 쳐야 하는지 알려 주는 수치화된 재배 방법은 없지만, 그런 것들이 없어도 어느 정도 자랄 수 있는 힘을 가진 씨앗이다. 그리고 모종이나 씨앗을 사서 심는 게 아니라 직접 받아 심기 때문에 키우는 데 손은 많이 가도 큰 비용이 들지 않는다는 장점이 있다.

본 적 없는 신기한 외국 채소가 관심을 끄는 시장에서 잊힌 옛날 채소를 주로 판다는 건 좀 어려운 일이기도 하다. 퀴노아와 병아리콩의 레시피와 효능이 수수·기장·노랑완두 요리보다 많이 알려져 있다. 그렇기 때문에 소비자의 관심에서 벗어난 토종 작물이 오히려 더 신기하게 느껴지기도 한다.

예를 들어 '팥'의 경우 단팥빵, 양갱, 팥고물 등에 들어가는 붉은 팥을 떠올리지만, 우리 토종 팥은 다양한 색을 띤다. 우리가 가지고 있는 씨앗만 해도 다른 팥에 비해 조금 크고 둥글둥글한 모양에 짙은 회색을 띠는 재팥, 가장자리가 약간 각진 노랑팥, 살짝 길쭉하고 날씬한 흰팥, 녹두와 비슷하게 생긴 녹색 녹두팥 등이 있다. 그 밖에도 얼룩무늬 개골팥과 붉은색 앵두팥 등 더 많은 종류의 팥이 있다고 한다. 굳이 저 많은 색과 모양의 팥이 필요했던 이유는 무엇일까. 아마도 각기 다른 용도가 있지 않았을까.

언젠가 영어를 쓰는 외국인 친구에게 토종 팥을 설명하다가 당황한 적이 있다. 영어로 팥은 붉은색 콩 red bean 이다. 하지만 우리가 키우는 토종 팥은 노랑팥이라 영어로 하려니 'yellow red bean'이 되었다. 말이 안 되는 상황이라 인터넷 사전을 검색해 보니 팥을 아즈키 빈 azuki bean 이라고도 부른다고 한다. 아즈키あずき는 팥의 일본어다. 팥을 부르는 영어 단어가 없는 것은 그곳에는 팥과 관련된 문화가 없다는 의미다. 그들에게 팥은 빨간 콩이거나 일본 음식으로 접하게 되는 콩 종류일 뿐이다. 현재 우리 세대도 다양한 팥이 있다는 사실을 잘 모르긴 마찬가지지만 우리가 써 오던 언어로 미루어 보건대 팥은 그저 '빨간 콩'이 아니라 '팥'이라는 하나의 이름을 부여받을 정도로 우리 식문화에 중요하게 자리 잡은 작물임에 틀림없다.

이렇게 오래 이어져 내려온 씨앗은 전통 음식문화를 보여 준다.

콩, 팥, 동부, 완두, 태. 콩 종류를 표현하는 수많은 단어가 있던 우리의 음식문화는 아마도 콩 종류와 연관된 아주 다양한 맛과 모습을 지니고 있었을 것이다. 그렇다고 토종 씨앗으로 전통 음식만 만들어야 한다고 생각하지는 않는다. 요즘 사람들이 가장 잘 활용할 수 있는 방법이라면 전통 음식이든 외국 음식이든 상관없다고 생각한다.

혹자는 토종 씨앗이 기후 위기 시대에 필요한 소중한 유전자원이라고 말하기도 한다. 도종 씨잇이 기후 위기 시대에 새롭게 개량종 작물을 만들어 낼 때 조합할 수 있는 유선자원으로 큰 중요성을 갖는다는 말이다. 하지만 씨앗은 누군가에게 무언가를 만들어 주는 재료가 되기 위해 살아 있는 것은 아니다. 인간이 그런 쓰임새를 찾아냈을 뿐이다.

나는 상업적으로 경제적 가치만 따져 씨앗의 효용을 정하는 것이 전부가 아니라고 생각한다. 토종 씨앗은 그 씨앗이 살아 온 역사를 담고 있고, 전통문화와 연결되어 있고, 유용한 유전자원 역할도 한다. 존재 자체가 생물 다양성을 지탱하고, 농부의 삶과 밀접하게 연결되어 있어, 그것이 생존해야만 하는 당위성을 부여받는다. 씨앗이 지닌 다채로움, 그 생물 다양성을 경제적 가치로 따질 수 있을까.

기후 위기 시대, 농사는 어떻게 될까?

이상 고온과 한파, 하늘에 구멍이 뚫린 듯 내리는 큰 비와 극심한 가뭄. 이 모든 것이 뒤죽박죽이 되어 가는 기후 위기 시대의 모습이다.

여러 농부와 이야기를 나누다 보면 이 땅의 농사가 어떻게 될 것인가 걱정된다. 2020년에 마르쉐@에서 농부시장 포럼 '기후 위기 시대, 농부시장의 농부와 밥상'이라는 이름으로 여러 농부의 이야기를 듣는 자리를 마련했다. 그때 마용운 농부님은 몇 년 동안의 기후변화가 몸으로 느껴진다고 했다. 어떤 해에는 초봄에 이상 한파로 사과꽃이 다 얼어 죽었고, 몇 년 전에는 우박으로 한창 크고 있는 열매에 흠집이 잔뜩 난 적도 있었다고 한다. 한 해 농사를 시작조차 하지 못하게 된 농부는 어떻게 해야 할까? 제대로 된 수확을 기대할 수 없는 농부가 할 수 있는 일은 무엇일까?

봄에 냉이꽃이 피는 시기도 점차 앞당겨지는 듯하다. 사과나 배, 복숭아 같은 과일을 키우는 지역도 점점 북쪽으로 올라오고 있다. 이제는 제주도뿐만 아니라 한반도 남쪽 지역에서도 레몬이나 바나나를 키울 수 있다고 한다. 새로운 작물을 재배할 수 있다는 건 과연 좋은 것일까?

해마다 미디어에서 올해 여름이 역사상 제일 더울 거라고 이야기한다. 실제로도 최근 몇 년간 역사상 최고 온도를 갱신해 왔다. 하지만 엄청 더울 것이라던 2020년 여름은 생각보다 많이 덥지 않았다. 누군가는 지구온난화 때문에 더워진다더니 거짓말이냐고 할법한 상황이지만, 이 역시 지구온난화로 벌어진 상황이 맞다. 우리는 고립된 공간에 사는 게 아니니 주변과 끊임없이 영향을 주고받으며 상호작용할 수밖에 없다.

글을 쓰며 자세히 찾아보니 지구온난화로 시베리아에 꾸준히 열파현상heat wave, 뜨거운 공기가 넓은 지역을 덮는 현상으로, 이상 고온이 일정 기간 동안 이어진다이 일어났고, 그것이 유난히 심했던 2020년에는 이상 고온으로 시베리아에 광범위한 산불이 일어날 정도였는데, 그 열파에 밀려난 찬 공기의 영향력이 우리나라까지 미치게 된 것이었다. 그런 이유로 2020년 우리나라의 여름은 생각보다 덥지 않았고, 대신 한 달이 넘도록 비가 오는 여름 장마와 한 달여 지속된 가을 가뭄을 겪었다.

그에 반해 2021년은 초여름에 비가 거의 오지 않았다. 장마가 와야 할 시기에 비가 오지 않으니 '마른 장마'라 불리기도 했는데 나는 이게 무슨 말장난인가 싶다. 결국 여름이 지나고 알곡이 익어 가는 가을에 많은 비가 왔다.

2022년에는 봄부터 폭염이 시작되더니 여름에는 물 폭탄이 쏟아졌다. 갑작스러운 폭우에 산에서 토사가 휩쓸려 내려오고 논둑이 무너지거나 밭이 잠기는 등 다양한 피해가 속출했다. 우리도 집에서 조금 떨어진 곳에 빌린 밭이 산에서 내려온 흙으로 뒤덮여 열심히 심었던 옥수수와 호박 등이 반 정도 흙에 묻혀 버렸다. 작은 밭이었지만 간절함을 담아 한참 동안 삽질을 하고 물길을 보수했다.

2020년, 2021년, 2022년, 3년만 돌아보았는데도 여름과 가을 날씨가 너무 다르고, 극단적인 형태로 나타난다는 사실을 알 수 있다. 지구온난화는 단순히 날씨가 뜨거워지는 것이 아니라 평균기온이 올라가면서 예상치 못한 일이 일어나는, 불확실성이 점점 커진다는 것을 의미한다.

농사는 사람들의 생존과 아주 밀접하기 때문에 예전에는 농사를 잘 지을 수 있도록 날씨를 알고 예측하는 일이 굉장히 중요했다. 그래서 사람들은 오랜 시간 농사를 지으며 알아낸 기후의 규칙성을 '절기'라는 이름으로 만들어 두었다. 절기는 일종의 달력으로 달을 기준으로 할 것 같지만 해의 움직임을 기준으로 만든 것이다. 해가 가장 긴 날인 하지와 해가 가장 짧은 날인 동지를 기준으로 1년을 24개로 나누어 구분했다. 15일이 한 절기로 두 개의 절기가 모이면 한 달이 된다. 입춘, 우수, 경칩, 춘분, 청명, 곡우, 입하, 소만, 망종, 하지, 소서, 대서, 입추, 처서, 백로, 추분, 한로, 상강, 입동, 소설, 대설, 동지, 소한, 대한. 우리는 이 중 몇 개의 절기를 알고 있을까. 우리 세대의 도시 생활자가 직접 느끼거나 미디어에서 자주 들을 수 있는 절기는 동지, 하지, 소한, 대한 정도일까.

 놀랍게도 그리고 다행스럽게도 아직 이 절기의 규칙성이 어느 정도는 맞아 들어가고 있어 우리같이 노지 농사를 짓는 사람들은 절기에 맞추어 농사 계획을 세울 수 있다. 곡우에는 씨앗을 뿌리고, 입하가 지나면 모종을 심고, 망종에는 밀보리를 수확하고 모내기를 한다. 언젠가 기후 위기로 절기가 소용없어지는 날이 오면 무엇에 맞추어 살아야 할까. 모두가 매일 최고기온과 최저기온을 재고, 습도와 광량 그래프를 그리고, 기상예보를 살펴 전문가적 판단을 해야 겨우 농사를 지을 수 있게 될 수도 있다.

또 온도 상승은 작물의 생육온도에만 영향을 미치는 것이 아니라, 농사에 큰 영향을 끼치는 병충해에도 똑같이 영향을 미친다. 2021년에 발표된 국립원예특작과학원의 기후온난화 따른 최근 5년 동안의 지역별 해충 생태 연구 결과를 보면 겨울 평균기온이 1도 오르고 노린재 출현 시기가 20일 빨라졌다고 한다. 출현이 빨라진 만큼 세내 분열도 늘어나 개체 수 증가 문제도 함께 발생한다고 하는데, 기온 상승이 해충 증가에 영향을 준다는 사실을 알 수 있다. 이외에도 기온 상승과 해충의 발생을 연결 짓는 연구는 여럿 있다. 평균기온이 상승해 기존에 없던 해충이 유입될 것이라 보는 견해도 있다. 이러한 해충의 출현에 앞으로 어떻게 대처할 수 있을까.

혹자는 기후 위기로 불확실성이 커지면 통제 가능한 시설에서 농사를 짓는 시설 농업이 답이라고 이야기하기도 한다. 생산과 수확을 해야 하는 상업 농업에서 예측 불가능한 변수를 통제하는 기술이 필요한 부분도 반드시 있다. 그렇지만 시설 농업이 모든 것의 답은 아니라고 본다. 몇 겹의 비닐하우스도, 최첨단 시설의 스마트팜도 작물이 지구의 공기와 온도와 무관하게 살아가도록 만들 수는 없다. 만약 기술이 비약적으로 발전해서 그렇게 만들 수 있다 해도 그 시설을 유지하는 데 필요한 에너지는 시설 외부에서 끌어올 수밖에 없기에 그것들은 혼자서 자립하거나 유지될 수 없다. 또 우리가 사용할 수 있는 에너지에 한계가 있다는 점도 염두에 두어야 한다. 다만 개개인의 선택처럼 인식되는 농민의 가혹한 노동환경을 발전된 기술이 개선시킬 수 있다는 점만은 긍정적이라 본다.

　기술 발전을 연구하고 이용하는 시설 농업도, 기존 자연 질서를 공부하고 따르려는 자연농도 지금까지의 상황을 이해하고 우리가 나아갈 미래를 그려 본다는 점은 동일하다. 하지만 부정적인 미래의 모습에 대비하는 것은 물론 지금의 상황을 개선하는 방법도 고민해야 하지 않을까.

다양성이 지키는 생존

최근의 농업정책은 규모화·기계화·산업화의 이름으로 수행된다. 좀 더 큰 규모로, 기계와 농자재를 사용해, 돈이 되는 품종을 많이 심으면 흔히 말하는 '규모의 경제'가 이루어진다. 그래야 생산자들은 재배기술을 이용해 동일한 작물을 더 많이 수확할 수 있고, 소비자는 좋은 제품을 값싸게 살 수 있다. 단일 품목을 큰 규모로 심었을 때 기대할 수 있는 제일 긍정적인 결과는 더 많이 수확하고 더 값싸게 먹을 수 있다는 점이다. 소비자는 싸게 좋은 걸 먹고, 생산자는 더 많은 돈을 벌고.

그런데 조금 덜 긍정적일 때는 어떤 결과가 나타날까. 그리고 최악의 결과는 무엇일까. 일부러 부정적인 이야기만 하는 것이 아니라 지금 우리 현실에서 여러 가지를 생각해 보아야 한다는 이야기다. 다양한 기상이변이 수시로 일어나는 상황에서 하나의 작물만 대규모로 키우면 한꺼번에 동일한 영향을 받을 수도 있고 커다란 밭이 단번에 망가질 위험도 있다.

요 몇 년간 농부들을 만나면 "괜찮으세요?"라고 묻게 된다. 2020년에는 한 달간 긴 장마와 가을 가뭄이 있었고, 2021년에는 여름에 비가 오지 않다가 가을에 알곡이 여물 시기에 비가 많이 내렸다. 2022년에는 무슨 말을 할까. 폭염과 폭우가 번갈아 오면서 논이며 밭이 유실되거나 묻혔고, 비닐하우스가 무너지거나 잠겼다. 엄청난 일이 계속 일어났다. 인간은 많은 정보와 경험을 바탕으로 주어지는 상황을 해석하고 예측해서 대응한다. 농사는 특히나 수십, 수

백, 수천 년간 유지되어 온 기후의 규칙성을 기반으로 발전한 기술이며 삶의 방식이다. 기후 위기 때문에 우리가 맞이하게 되는 다양한 기후변화는 농부들에게 직접적으로 영향을 끼친다.

"괜찮으세요?"라는 질문에 우리는 "여러 가지를 심어 놓아서 다행히 잘되는 작물도 있고 안되는 작물도 있어요"라고 대답할 수 있었다. 2020년 긴 장마 때, 비가 많이 와도 가지는 잘된다는 농부들이 있었는데 우리 가지는 시기가 안 맞았는지 장마 전에 열매를 제대로 달지 못해서 비가 오니 그대로 멈추어 버렸다. 반대로 토종 찰토마토는 풋열매로 긴 장마를 버티고 나서 뒤늦게 풍성한 수확을 안겨 주었다. 더운 지역이 원산지인 오크라는 수확이 풍성했고, 동부는 긴 비에 잘 크지 못했지만 옥수수는 꽤 많이 달려 큰 기쁨을 주었다. 햇빛도 중요하지만 이 두 작물에는 물도 중요하다는 사실을 깨닫게 되었다. 2021년 여름에는 비가 오지 않으니 유럽 원산 토마토들이 잘 열렸다. 비만 오면 터져서 그 전 해에는 제대로 먹어 보기 힘들었던 노란 종 모양 토마토는 온전히 익었지만, 옥수수는 잘 크지 못했다. 때늦은 초가을 장마에 고추가 뒷심을 발휘했고, 고구마는 종류별로 조금씩 달랐지만 큰 습해 없이 잘 버텨 주었다.

    2022년에는 그런 임계점을 넘은 느낌이었다. 폭염 후 폭우가 반복되자 토마토는 서양종, 동양종 상관없이 하나씩 죽어 가기 시작했다. 내가 어떻게 대응한다 해도 기후 위기는 나만 피할 수 없는 일이라는 생각이 들었다. 그래도 다행히 다 죽어 버린 토마토 대신 그 사이에 심은 땅콩이 잘 자라 주었고, 꿀고구마, 호박고구마 대신 밤

고구마가 그 자리를 채웠다. 하지만 언제까지 다행이라는 말을 할 수 있을까.

최근에 알게 된 '기후우울증'이라는 말이 있다. 삶에 커다란 영향을 미치는 기후 위기 앞에서 해결책을 발견하지 못해 무력함과 불안함, 만성적인 두려움을 느끼는 것을 의미한다. 어느 것 하나 내 삶에 영향을 끼치지 않는 것이 없다. 미세먼지도, 폭염과 폭우도 피할 수 없는 농부들에게 기후우울증이 많이 나타난다는 건 놀랍지도 않다. 기후 위기에 따른 경제적 피해뿐만 아니라 정신적인 영향도 이제는 함께 생각해 보아야 할 때다.

우리는 작은 규모로 여러 종류를 키우니 무엇 하나로 크게 돈을 벌기는 힘들지만 무엇 하나로 크게 망하지도 않는다. 이 일은 우리 밭이라는 작은 생태계의 안정성 덕분이지만 크게 자연과 환경의 문제로 확대해서 보아도 비슷할 것이라 생각된다. 생물 다양성은 위기에서 이 지구의 안정성을 높여 줄 것이다. 다양한 동식물이 어우러져 생물 다양성이 높을수록 그 생태계는 안정된다고 한다. 그렇다면 다양한 농부가, 소비자가, 서로 다른 우리가 함께 살아간다면, 서로 연결되어 살고 있다는 것을 느낀다면 그 연결이 많아질수록 안정성이 높아지지 않을까.

밭을 갈지 않고 고정형 두둑으로
작물을 키운다. 풀과 작물 잔여물,
낙엽이 쌓이고 흙의 역사도 쌓인다.
밭을 갈지 않기에 두둑의 모습은
해마다 비슷하지만, 계절의 변화에
따라 작물이 변하고 색이 변한다.

풀과 작물이 가득 찬 8월 풍경.

여름 풀을 정리하고 가을 작물을 심은 밭의 모습.

냉이 캐는 풍경.
머리가 어느 쪽인지 묻지 말 것.

농사 첫해.
꼭 예쁜 고구마만 찍는
'마이너스'의 손

갈지 않은 밭에서는
다양한 모양의 당근이 나온다.
이것이 바로 농사의 재미!

고개를 숙이고 몸을 구부려 땅과 작물, 품을 마주하는 것이 우리의 일이다.

일하다가 갑자기 화관을 만드는 정화.

세 번째 장

'지속 가능성'이라는 말

지속 가능성이란
"인간이 삶의 터전으로 사용하는 환경과 생태계
또는 공공으로 사용하는 자원 따위를 계속 사용할 수 있는
환경적 또는 경제·사회적 특성"을 말한다.

출처 우리말샘(opendict.korean.go.kr)

농사로 먹고살 수 있을까?

농어가 경제 조사 등 다양한 통계자료를 보면 현시대의 일반적인 농가는 농업 소득만으로 살지 못한다는 사실을 알 수 있다. 인터넷 포털 사이트에 농업 소득, 농업 외 소득이라는 키워드를 넣어 보면 '농업 외 소득이 농가 소득의 절반 이상', '농업 외 소득이 늘고 있다' 같은 기사를 볼 수 있다. 농업 소득 이외의 소득은 정부 보조금이 될 수도 있고 6차 산업 때문에 생긴 다양한 소득일 수도 있다. 하지만 농업에서 직접적으로 발생하는 농업 소득은 확실히 줄고 있다. 2020년 평균 농가 소득 4503만 원 중 농사를 지어 얻는 농업 소득은 1182만원, 2022년 농가 소득 4615만원 중 농업 소득은 948만원이다. 이 말은 농민 대부분이 농사만으로는 먹고살기에 충분한 소득을 만들지 못한다는 의미다.

귀농학교 수업을 들으며 이런 현실에 관해 미리 듣게 된 우리는 처음부터 농사로 먹고살 생각을 하지 않고 농사와 다른 것을 병행하는 삶을 선택할 수밖에 없겠다고 결론 내렸다. 한동안 '반농반X' 시오미 나오키의 책《반농반X의 삶》에 나오는 단어로, 자급적인 농사와 자신이 하고 싶은 일을 반반씩 함께하며 살아가는 생활을 의미한다 라는 말이 유행했던 것처럼, 농촌에서 살려면 농사와 다른 것을 함께 할 수밖에 없다고 생각했다. 앞에서도 언급했지만 신범과 나는 이 상황을 어떻게 풀어 나갈까 고민하다가 일단 한 명이 농사를 짓고 한 명이 일을 하기로 했다. 특히 부모님을 통한 간접경험조차 없는, 태어날 때부터 도시 생활자인 우리는 농사일을 잘해 내지 못할 가능성이 더 크다고 생각했기 때문이다.

농부시장에 나가 수확물을 판매하다 보면 많은 것을 판매 대상으로 바라보게 된다. 수확하는 작물, 밭에 있는 나물, 내가 만드는 소소한 물건. 이것도 팔 수 있을까, 저건 누가 살까. 우리가 가진 것을 파는 것은 살아가기 위한 방법 중 하나일 뿐인데, 그것에 매달리다 보면 모든 것을 판매와 연관 짓게 된다.

  상추 1000~2000원, 오이나 호박 2000~3000원, 생강 정도 팔아야 5000원에서 1만 원 사이. 농부시장에 오는 사람들은 보통 적은 양을 구입하니 받는 돈도 적다. 아니, 사실은 농산물 가격이 싸다. 우리는 품을 더 많이 들여 키우니 더 비싸게 받아야겠다고 생각하지만 무조건 비싸게만 팔 수도 없는 노릇이다. 도대체 이 농산물의 시장가격은 누가 정하는 건지. 아무리 계산해도 수지가 맞지 않는 가격이 '시장가격'이라는 이름으로 불린다.

이렇다 보니 농산물을 팔아서는 돈을 벌 수 없어 조금이라도 여유 있는 농민들은 부가가치가 큰 '가공품'을 고민하지 않을 수 없다. 그러나 가공품은 시설과 허가가 필요하다. 가공식품은 'processed food', 즉 인공적인 처리를 해서 맛이나 보존성을 높인 식품이다. 가공식품에는 어떤 것이 있을까? 쉽게 떠올릴 수 있는 건 상표나 바코드가 붙어 있고 비닐 포장이 된 공장제 제품인데, 이것만이 가공식품은 아니다. 농가에서 만드는 장류, 꽃차, 잼이나 청, 썰어 말린 과일이나 채소 같은 것도 어떤 것은 가공식품이다.

이 또한 말이 '가공식품'이지 무언가를 말리거나, 발효시키거나, 저장할 수 있는 음식으로 만들어 내는 일은 사실 이 땅에 살던 사람들이 계속해 왔다. 예전부터 그저 계절에 맞게, 흐름에 맞추어 해 오던 일이 시장에서 판매하는 상품이 되기 위해 가공식품이라는 형식의 옷을 입었을 뿐이다. 지금은 그 '형식'에 묶여 버린 것 같다면 과한 말일까.

처음 마르쉐@에 출점할 때 나는 아예 가공식품의 기준과 판매 허가 등에 관한 개념이 없었다. 그게 뭔지, 가공식품을 만들어 팔려면 어떤 게 필요한지 법으로 정해져 있다는 것 자체를 몰랐다. 그러다가 마르쉐@에 출점한 사람들을 대상으로 법적 기준과 문제점에 관한 안내를 듣고 알게 되었다. 전문가의 강의를 듣고 나서 그 기준에 도저히 맞출 수 없다는 생각이 들어 마음이 답답했다. '내가 불법을 했다. 나를 잡아가라!'라는 말이 저절로 튀어나왔다.

만두 파동이나 김치 파동 같은 식품 안전성이 문제가 되는 큰 사건이 터지고 나면 가공식품 관련 기준을 다시 점검하고, 사회적인 시선도 예민해지기 마련이다. 그렇게 점차 제조 기준이 높아지는 식품이 늘어나고 있고, 전반적인 식품 제조 시설 관련 기준도 강화되고 있다. 농부시장을 향한 사회적 관심이 높아지자 마르쉐@에서도 출점한 사람들의 가공품에 관해 많은 고민을 하며 최대한 많은 정보를 제공하려 노력하고 있었다.

계속 강의를 듣다가 우리가 할 수 있는 것과 없는 것에 관해 더 자세히 알고 싶어져서 양평군 농업기술센터에서 '식품가공기능사' 자격증 수업을 들었다. 책을 사서 필기시험 공부를 하고, 시험을 보고, 실기시험을 본 후에 자격증을 땄지만 해결되는 것은 없었다. 알면 알수록 대다수 농민이 가공품과 가공품이 아닌 것의 경계에서 줄타기를 하고 있다는 생각이 들었다. 2021년 시점에서 말린 꽃은 꽃차로 팔면 불법이고, 말린 꽃으로 파는 것은 가능하다. 농부가 직접 말린 건고추는 팔 수 있는데, 썰어서 말린 귤 칩은 불가능하다고 들었다. 게다가 시간이 지남에 따라 법적 기준은 바뀔 수 있다. 가공식품의 소비자가 되는 대중의 안전을 위한 조치라는 점은 이해할 수 있으나, 대량생산하는 기업을 법의 기준으로 삼는다는 점은 안타깝다. 결국 우리가 살면서 자연스레 해 오던 일을 자꾸 구분해서 상품으로 만들고 산업화하는 방향으로 가고 있는 것이다.

가공식품에 관심이 있다 보니 외국에서 오는 우퍼들에게 관련 사항에 대해 아는 것이 있는지 물어보곤 한다. 우리 집에 왔던 호주 우퍼에게 듣기로는 그 친구가 일하던 농장에서는 마을에 있는 공유 부엌에서 딸기잼을 만들어 마을의 농부시장에서 판매한다고 했다. 마을의 공공 시설을 이용하면 그 지역에서 판매하기 위한 제품을 소규모로 생산할 수 있다는 것이다. 공유 부엌을 사용해 잼을 만들면서 들어간 재료와 완성품의 양, 생산자 관련 사항 등을 적어 놓고 지역 시장에서 판매한다는 것이 나름 합리적으로 들렸다. 관련 기사를 찾아보니 미국에서는 소농식품법에 의거해 농민들이 농가 부엌에서 식품을 만들어 판매할 수 있다고 한다. 판매 상한액만 있을 뿐 시설 기준이 없고 농민 시장이나 인터넷 직접 판매가 가능하다고 하니 이 또한 소규모 농가에 적합한 방식으로 보인다.

대량생산의 경우 생산 과정에 문제가 생길 경우 피해가 커질 수 있다. 만약 음식에 오물이 들어가거나 상한 경우 대량으로 유통되는 마트와 소규모 판매처를 어떻게 관리할 것이며, 대량의 제품을 사 간 수많은 소비자를 어떻게 찾아낼 것인지. 단지 글자로 적을 뿐인데도 생각해 보면 앞이 캄캄하다. 그러니 생산·유통 단계에서 제어하고 조정하려는 것이다. 하지만 소규모의 경우 커다란 피해가 발생할 가능성이 적을 뿐만 아니라 판매 중지 등의 유통·관리도 훨씬 쉽다. 규모의 차이가 명백한데 동일한 기준으로 관리하는 지금의 제도에는 모두가 동의할 수 있는 새로운 기준이 필요하다고 생각한다.

농사로 먹고사는 게 내가 키운 농산물을 팔아서 먹고사는 것만을 의미할까? 세상에는 농사가 기반이 되는 수많은 '먹고사는 일'이 있다. 농사를 짓는 일은 물론이고, 농산물을 운반하는 일, 창고에 보관하는 일, 사고파는 일, 포장재를 만들고 파는 일, 포장재를 개발하고 홍보하는 일, 새로운 농산물을 수입하거나 소개하는 일, 씨앗과 모종을 파는 일, 농자재를 팔고 농자재 쓰는 법을 알려 주는 일, 농법을 개발하는 일, 농업정책을 만드는 일, 농민에게 돈을 빌려주는 일, 농산물로 음식을 만들어 파는 일, 음식 만드는 법을 가르치는 일, 음식 평론을 하거나 농사와 음식 관련 콘텐츠를 만드는 일 역시 농사를 기반으로 하는 일이다. 물론 농산물을 먹는 모든 사람, 바로 우리도 농사 때문에 '먹고 살고' 있다.

농부가 농사로 먹고살 수 있어야 그와 연결되는 수많은 사람의 삶도 지속될 수 있다. 농업의 문제, 농민의 문제를 그저 그들의 문제로만 여길 수 없는 것이 바로 이 때문이다.

임금노동자와 자영업 농민 사이

우리 지역에서 작은 일자리를 구하는 일은 생각보다 어렵지 않았다. 지자체에서는 다양한 공공근로 사업을 시행하고 있으며, 생각보다 많은 중소기업과 가게가 양평 근처에서 사람을 구하고 있었다. 그러나 대부분 단순 작업이 많고, 파트타임이나 단기 계약직이 많다. 기존 시각으로 보자면 정규직이 아닌 '나쁜' 일자리가 많은 셈이다. 하지만 내 생각에는 하나의 평생 직업을 가지고 살겠다고 마음먹지 않은 사람에게는 자기 일상과 잘 맞물리게 구성할 수만 있다면 그것이 꼭 나쁜 일은 아니다.

이사 온 지 첫해, 3월 1일 이사를 앞두고 군청 홈페이지에 올라온 일자리를 알아보았다. 원하는 바는 집에서 가까울 것, 식물과 관련된 일일 것, 이렇게 두 가지였다.

다행히 그리 멀지 않은 곳에 있는 연구소의 계약직 실험 보조 일을 구하게 되었다. 원하던 분야의 일이었지만 사실 화분을 나르고, 물을 주고, 잎 개수를 세고 기록하는 단순 작업이라 일이 그리 재미있지는 않았다. 하지만 덕분에 새로운 품종을 개발하는 데 어떤 작업이 필요한지 볼 수 있었고, 씨앗을 고르고 미세한 씨앗을 파종하는 일 등을 배울 수 있었다. 다른 분들은 월차를 사용할 수 있고, 업무 시간이 확실히 정해져 있고, 매달 월급이 안정적이라는 점이 매우 좋다고 했지만 나는 9시부터 6시까지 일하는 바람에 집 농사일은 새벽이나 주말밖에 할 수 없고, 가깝지만 대중교통이 없어 출퇴근하기 어렵다는 것이 단점이었다.

첫해가 지나 계약 기간이 끝나고 실업 급여를 받게 되었다. 적은 금액이지만 몇 달간 가계에 보탬이 되는 금액이 들어오니 조금 용기를 내서 당장 일을 구하지 말고 한동안 둘 다 농사일을 해 보기로 결정했다. 3개월 실업급여 기간이 겨울 끝 무렵에서 초봄까지였고, 그 돈 덕분에 가장 힘든 시기를 넘길 수 있었다.

　　봄을 맞이하는 밭에 새롭게 돋아나는 새싹은 모르는 사람에게는 그저 '풀'이지만 아는 사람에게는 '나물'이다. 자연의 흐름은 정말 놀랍다. 맨땅에서 자라는 게 거의 없는 초봄에 제일 먼저 올라오는 새싹은 대부분 어떻게든 먹을 수 있다. 동물들이 이 시간을 살아 낼 수 있게 해 주는 자연의 섭리구나, 싶다. 우리 밭에 나는 풀 중 몇 가지는 씻기만 하면 샐러드로 먹을 수 있었다. 또 살짝 데쳐 간단한 양념을 더하면 나물로 먹을 수 있는 것도 꽤 있었다. 한동안 수입이 거의 없을테니 최대한 돈을 아꼈고, 덕분에 밭에 나는 들나물 먹는 법을 여럿 익히게 되었다.

　　아직 추울 때 올라오는 냉이와 개망초, 광대나물을 시작으로 날이 따뜻해지자 밭에 올라오는 풀이 더 다양해졌다. 꽃다지와 냉이가 꽃대를 올릴 즈음에는 민들레가 자리 잡았다. 민들레는 샐러드로도 김치로도 먹을 수 있어 아주 소중한 먹을거리다. 군데군데 올라오는 씀바귀를 캐서 초고추장에 쓱쓱 무쳐 먹고 쑥을 뜯고 달래를 다듬는 일에 지칠 즈음이면 왕고들빼기가 올라온다. 왕고들빼기 새순을 뜯어 김치도 담고, 장아찌도 담다 보면 어느새 여름이 다가온다. 밭에 자연스레 올라오는 것들을 관찰하고, 자연의 흐름을 놓치지 않으려 애쓰며 주어지는 것들을 열심히 먹었다.

둘이 같이 농사일을 해 보기로 한 몇 달간 나물도 뜯고, 씨앗도 뿌리고, 모종도 심고, 수확물이 나오는 대로 열심히 농부시장에 가져가 팔았지만 우리의 규모와 농사 방식으로는 둘이 살기에 충분한 수입을 거두는 건 불가능했다.

결국 일자리를 다시 구했다. 이번에는 읍내에 있는 생협 매장에서 일하게 되었다. 물건을 정리하고 진열하고 판매하는 일은 일반 서비스직과 크게 다르지 않지만, 판매하는 상품이 친환경 농산물이고 조직 자체가 일반 회사가 아닌 협동조합이라 내가 원하는 농사와 삶에 어느 정도 가깝다는 생각이 들었다. 덤으로 친환경 농산물에 관심 있는 사람들과 관계를 맺는 데도 도움이 되면 좋겠다고 생각했다. 대중교통의 중심지인 읍내에 있다는 것과 하루 네 시간 근무를 하고 나머지 시간을 밭에서 보낼 수 있다는 건 나에게 꽤 큰 장점이었다.

1년 반 정도 매장에서 일했다. 매장에서 취급하는 토종 작물을 사람들에게 설명하기도 하고, 나름의 역할과 보람을 찾으려 애썼다. 매장을 찾는 소비자 조합원과 생태적인 농사와 관련된 책 읽는 모임도 꾸렸고, 이 지역에 아는 사람도 조금씩 생기기 시작했다. 생협 매장 활동으로 들어오는 일정한 수입과 농부시장 직거래로 들어오는 부정기적인 수입이 서로 균형을 이루며 안정을 찾아 나갔다.

두 가지 일을 해서 경제적 안정성을 만들어 낼 수는 있었지만, 그래도 정말 하고 싶은 일로 삶을 좀 더 구성하고 싶었다. 농사짓는 삶에 좀 더 집중한다면 시도해 보고 싶은 다양한 아이디어도 있었고, 구한 일에서 일반 서비스직과 다른 모습을 기대했지만 다르지 않다는 사실을 깨달았을 때 오는 스트레스도 분명히 있었다.

고민 끝에 다시 일을 그만두기로 했다. 운 좋게도 사직을 결심한 시기와 비슷한 시기에 자원봉사자들과 꾸려 나가는 농장의 농사를 맡아 달라는 제안을 받았다. 해 본 적 없는 일이지만 농사짓는 일상에 조금 더 가까워지는 듯해 마음에 들었다. 회사에서도 새로 시작하는 일이라 많은 부분을 신범과 나의 자율성에 맡겨 주었고, 이런저런 재미있는 일을 해 볼 수 있겠다고 생각했다. 집에서 일터까지 거리가 꽤 멀었지만 모든 게 다 좋을 수는 없으니 둘이 함께 주 2회 양수리에서 일을 하기로 했다.

새로운 일터는 두물뭍 농부시장을 운영하는 농업 회사 법인의 두물뭍농장이라는 곳이다. 이곳에서는 농부시장의 자원봉사자들과 두물뭍농장을 함께 꾸려 가며 다양한 토종 채소·작물을 자연 친화적인 농사 방법으로 심고 거두어 농부시장의 소비자와 연결하는 것을 목표로 삼았다. 농산물 생산에만 치중하는 것이 아니라 소비자에게 아름다운 농사 풍경도 전달하려는 꿈이 있는 곳이다.

자원봉사자 중에는 몇 년간 텃밭을 가꾸어 본 분도 있고, 아예 모든 게 처음인 사람도 있어 서로 무척이나 달랐다. 내 농사를 내 속도로 하는 것과 다른 사람에게 무언가를 설명하고 서로의 속도를 맞추어 함께 일하는 것은 완전히 다른 일이었다. 사람들에게 설명해야 할 것도 많고 대답해야 할 것도 많아 항상 정신없이 새로운 일에 도전하는 기분으로 어찌어찌 한 해를 보냈다. 일주일에 이틀은 두물뭍농장에서, 5일은 우리 종합재미농장에서 농사일을 했다. 둘이 같이 움직이다 보니 우리 농사에 소홀한 부분이 생겨 3년째부터는 내가 주로 두물물농장 일을 맡아서 하고 때때로 신범이 함께한다. 서로 다른 농사의 형태는 각각의 힘듦과 즐거움이 다르지만 그것들을 모두 느끼며 나름의 균형을 맞추어 나가는 중이다. 지금은 일주일을 모두 농사일로 채울 수 있다는 사실에 감사하며 이곳에서 4년째 사람들을 만나고 있다.

소비자와 만나는 곳, 농부시장

우리는 전통시장이나 길거리 가게, 오래된 골목이나 박람회 같은 곳에 가서 이런저런 구경을 하는 걸 즐긴다. 특히 시장 구경을 좋아한다. 동대문 상가에 천이나 털실을 사러 가서 몇 시간이고 쏘다니거나 광장시장 같은 곳을 방문하는 걸 좋아하는데, 그중에 제일 좋아하는 곳은 농부들을 직접 만날 수 있는 농부시장이다.

서울에서 직장생활을 할 때도 서울시 농부시장과 마르쉐@는 초기부터 찾아다녔고, 유럽 여행을 할 때도 농부시장이 열리는 날은 챙겨서 가 보곤 했다. 유럽에서 만난 농부시장은 보통 도시 중심부나 번화가에서 정기적으로 열리는 시장으로, 어디에서 무엇으로 만드는지 알 수 없는 '공산품'이 아닌 가까운 지역의 농산물을 농부가 직접 들고 나와 판매하는 곳이었다. 농산물 외에도 직접 가축을 키워 만든 치즈나 재배한 포도로 만드는 와인, 잼 같은 보존 식품이나 공예품을 생산자가 가지고 나와 판매하는 농부시장은 지역마다 특색이 있어 항상 재미있게 구경하곤 했다.

환경친화적인 정책으로 유명한 독일 남부의 소도시 프라이부르크에서는 매일 아침 교회 앞 광장에서 농부시장이 열렸다. 교회를 기준으로 왼쪽에서는 농부가 직접 물건을 팔고, 오른쪽에서는 유통업자가 공산품을 팔았다. 오후가 되면 장은 파하고 광장은 다시 한가해졌지만 다음 날 아침이면 다시 북적이는 시장으로 바뀌곤 했다.

베를린에서는 '푸드 어셈블리'라는 색다른 시장을 만났다. 푸드 어셈블리는 일종의 플랫폼으로 지역의 농부와 생산자, 소비자를 연결하는 역할을 했다. 구매는 플랫폼에서 미리 진행되고 시장이 서는 당일에는 구입한 물건을 건네 주어 실제 판매는 이루어지지 않았다. 생산자와 소비자가 여유있게 대화를 나누며 관계를 만들어 가는 시장이었다.

영국 링컨에 있을 때는 우리나라 5일장처럼 정해진 날짜에 성 앞 광장에 장이 섰다. 농산물을 파는 농부뿐만 아니라 치즈를 만드는 사람, 빵 만드는 사람 등 다양한 판매자가 참여하는 매대가 있어 여러 가지 물건들을 판매자에게 직접 설명을 듣고 구입할 수 있었다. 매틀록의 작은 마을에서 열리는 농부시장에서는 동네 할머니가 직접 만든 것 같은 각종 잼이 가득한 매대에서 맛을 보고 살 수도 있었고, 얼마 전 링컨의 장터에서 보았던 치즈 만드는 아저씨를 이곳 시장에서도 만나 괜히 친근함을 느끼며 이야기를 나누기도 했다.

소비자 입장에서 농부시장을 보았을 때는 다양한 로컬 푸드를 만날 수 있고, 그것을 키운 사람과 대화하면서 어떤 생각을 가지고 어떤 농법으로 농사지었는지 물어볼 수도 있는 재미있고 좋은 문화라고 생각했다. 그래서인지 우리가 농부시장에 출점할 거라 생각해 본 적은 없었지만 농산물 판매를 고민할 때 자연스럽게 마르쉐@를 떠올렸다.

대화하는 농부시장 마르쉐@

마르쉐@는 정기적으로 대학로 마로니에공원에서 열리는 꽤 커다란 농부시장으로 많은 소농과 요리사, 공예가가 함께한다. 우리는 양평에 자리 잡고 농사짓기 시작한 첫해부터 마르쉐@에 참여했다. 첫 농사는 재미있었지만 봄 가뭄도 심했고, 처음 만난 땅과 친해지기 전이라 초반에는 수확물도 별로 없었다. 하지만 여름을 지나며 둘이 먹기 어려울 정도로 오이, 가지, 고추 같은 열매가 줄줄이 달리는 것을 감당하지 못해 고민하다가 마르쉐@를 떠올렸다. 마르쉐@는 소농들과 함께하는 곳이니 우리도 함께할 수 있지 않을까 하는 단순한 마음으로 시작했다.

우리처럼 규모가 작고 작물 종류가 다양한 소농에게 마르쉐@는 굉장히 중요한 소통 통로다. 지금의 농산물 유통은 단일 품종, 대량생산 형태에 맞추어져 있어 우리 같은 소농과는 맞지 않았다. 기존 유통 방식이 잘못되었다는 것이 아니라 서로에게 맞는 방식이 다르다는 이야기다. 모든 농부가 각자의 위치에서 최선의 방식을 선택해 농사를 짓기에 좋은 농산물, 정성껏 키운 농산물을 좋은 가격을 받고 판매하기를 바란다.

일반적으로 대량생산되는 농산물은 어느 정도 표준화된 농법과 시장에서 중요하게 생각하는 크기나 무게, 당도 등의 기준에 적합하게 키워진다. 우리 농산물은 일반적인 상품에 비해 작고 단단한 편인 데다 토종 작물은 상업적 작물과 달리 이름이 많이 알려져 있지 않아 판매할 때 설명이 조금 더 필요하다. 마르쉐@는 '대화하는 농부시장'이라는 모토에 걸맞게 소비자와 생산자의 대화를 중요하게 생각하고, 직접적인 상호 관계를 만들려 노력하는 곳이라 우리가 작물과 농사에 관해 설명하며 수확물을 판매하기에 적합했다.

마르쉐@에 출점하면서 또 하나 고민한 것은 농산물 포장이었다. 생산자이지만 소비자로서 우리도 다른 이가 키운 농산물이나 가공품을 종종 사 먹는다. 생협을 이용하든 마트를 이용하든 무언가 사는 순간 쓰레기가 발생한다. 이런 포장 쓰레기는 포장에서 소비까지 단 한 번 사용되는 너무나 깨끗한 자원이고, 은근히 많이 생기기 때문에 열심히 분리배출을 하면서도 항상 마음이 불편해지곤 했다. 우리는 농사를 지으면서도, 일상생활을 하면서도 쓸모없는 잉여나 쓰레기를 만들고 싶지 않았다. 특히 우리 농산물을 팔면서 일회용 비닐이나 플라스틱을 쓰고 싶지 않았고, 새 물건보다 이미 존재하는 것을 다시 이용하는 방법을 찾고 싶었다.

고민이 생기면 어떻게든 답을 구해 보려고 하는 편이라 농부시장에 출점하면서도 최대한 일회용 쓰레기가 나오지 않게 하고 싶었다. 그래서 이것저것 알아보던 중에 신문지로 봉투 접는 방법을 알게 되었다. 신문지를 이용해 봉투를 만드는 수많은 방법 중 다시 원활하게 종이로 재활용될 수 있도록 접착제나 다른 재료를 사용하지 않고 접기만 해서 모양을 만드는 방법이다. 여러 번 시도한 끝에 우리에게 적당한 크기로 접는 법을 알아낼 수 있었다. 그 이후로는 고구마나 생강, 콩류 같은 작물은 주로 신문지 봉투를 접어 포장하고 있다. 가끔 작물과 봉투 크기가 맞지 않는 경우에는 식품용 크래프트지 봉투를 사서 쓰기도 한다. 하지만 대부분 그때그때 판매하는 작물 크기에 맞추어 둘이 시장에 나가기 전날 밤 봉투를 접는다. 열 개, 스무 개 접다 보면 왜 이 짓을 하고 있나 싶을 때도 있지만 재사용과 재활용이라는 의미를 담는다고 생각하면 매번 접게 된다. 수시로 봉투를 접다 보니 우리 집에 오는 친구와 우퍼도 이 봉투 접기를 배워 간다. 시장에 나가기 위해 봉투를 접는다 하면 재미있어하거나 신기해하는 사람들도 있고 별 관심을 보이지 않는 사람들도 있지만 배워 가서 주변에 전파하는 사람과 종이봉투의 새로운 쓸모를 만들어 내는 사람도 있어 가끔 보람을 느낀다.

마르쉐@에 출점한 지도 벌써 5년이 넘었다. 마르쉐@에서 소농이라 불리는 다른 농부들도 많이 만났고, 소비자를 직접 만날 수 있었다. 물론 가끔 적은 양과 작은 크기에 관해 설명하느라 마음이 좀 힘들기도 하다. 큰 당근을 보며 "왜 이렇게 큰가요?"라고 물어보지 않는 사람들이 우리 당근에만 "왜 이렇게 작은가요?"라고 물어본다는 생각이 들 때도 있기 때문이다. 이유를 설명하고 다르지 않다고 이야기하다 보면 왜 이렇게 농사를 짓는가, 하는 생각을 하게 된다. 왜 굳이 작을 걸 알면서, 단단할 걸 알면서, 수확량이 적을 걸 알면서 이런 농사를 짓는 것일까. 그러다 보면 "농사란 무엇인가"라는 질문까지 생각이 가닿는다. 땅에서 무언가를 키워 내는 게 농사인가? 농사를 짓는다면 더 크게 키우고, 더 맛있게 만들고, 더 많이 수확해야만 하는가? 농사를 자연의 흐름에 사람이 맞추는, 자연에 의탁하는 일이라고 볼 수는 없는 건가.

물론 나 또한 자꾸 욕심이 생긴다. 열심히 수확하고 준비해서 나간 마르쉐@에서 누구보다 적은 돈을 벌고 돌아설 때, 그 돈의 많은 부분을 주차료와 주유비로 내야 할 때, 적어도 내가 일한 만큼 벌고 싶다는 생각을 한다. 하지만 그 돈을 버는 동안 무언가를 소외시키지 않았으면 하는 생각도 한다. 내가 농사를 짓는 땅에서 사람과 식물, 곤충, 동물, 미생물이 함께 살아갈 방도를 찾았으면 하는 것이다. 그리고 다음에 이곳에 올 누군가도 이 땅에서 똑같이 농사지을 수 있도록 땅을 힘들게 하지 말아야겠다는 생각도 있다.

맞다. 사실 하는 것에 비해 생각이 너무 많다. 사람들에게 무조건 과거처럼 살자고 할 수도 없고, 평생 개인의 욕망을 참고 살자고 할 수도 없다. 하지만 인간이 아닌 존재와도 더불어 살아가자. 나 혼자 잘 먹고 잘 사는 게 아니라 이 지구가 오래오래 무사하기를 바라며 삶을 크고 길게 바라보자. 많이 먹고, 많이 벌고, 많이 쓰고, 획일적인 크기와 단맛 같은 기준을 내려놓고 우리에게 중요한 가치를 바꾸어 보자. 이런 생각을 하며 오늘도 들끓는 마음을 다스려 본다.

마르쉐를 이야기하면서 빼놓을 수 없는 것이 하나 있다. 바로 마르쉐가 2022년부터 하고 있는 '지구농부포럼 2022년 지구농부포럼은 농부시장 마르쉐 유튜브 채널로 전체 내용을 다시 볼 수 있다. 마르쉐 블로그에는 지구농부포럼 후기가 정리되어 있다'이다. 지구농부포럼은 2020년 마르쉐 시장 포럼에서 시작되었다고 한다. 2020년에는 기억에 남는 일이 참 많았다. 초봄의 냉해와 여름의 장마, 예상보다 더 우리의 일상을 장악했던 코로나바이러스감염증-19 이하 코로나19 까지. 기후 위기를 온몸으로 느꼈고 일상을 유지하는 것조차 힘들었던 시기. 2020

년을 마무리하는 마르쉐 시장 포럼에서는 '기후 위기 시대, 농부시장의 농부와 밥상'이라는 주제로 농부시장과 함께해 온 농부, 그리고 농부와 '함께함'을 고민하는 요리사의 이야기를 들을 수 있는 자리를 마련했다. 앞서 이야기했던 사과 농부님의 이야기도 이 포럼에서 듣게 되었다. 어쩌다 보니 나도 '씨앗과 함께 살아남기'라는 주제로 한 꼭지 발표를 맡게 되었다. 우리같이 씨앗을 받아 이어 가는 작은 농부의 이야기도 누군가에게 들려줄 수 있는 그 자리가 참 소중했고, 그날 다른 농부들의 이야기를 가까이에서 들을 수 있어서 고마웠다.

그 이후 마르쉐에서는 '지구농사'와 '지구농부'라는 개념을 만들어 땅을 살리는 다양한 농부를 호칭하고 그들의 이야기를 들으려 노력해 왔다. '지구농부시장'이라는 작은 시장을 따로 만들기도 하고, 2022년부터는 직접 농사짓는 농부들이 현장 경험을 나누는 자리인 지구농부포럼을 개최하고 있다. 농부들이 서로의 삶과 경험을 나누며 자신의 답을 구해 보는 자리로 시작된 첫 지구농부포럼에서는 '지구농사'를 주제로 다양한 농부를 모아 이야기를 들려주었다. 오랫동안 자연농을 해 온 농부뿐만 아니라 농사 선생님, 도시 농부, 지역에서 다양한 활동을 하고 있는 농부가 자신의 농사와 삶에 관한 이야기를 했고, 다른 농부와 소비자 등 여러 사람의 질문에 답했다.

2023년에는 '토양 회복, 흙 돌보기로 시작하는 지구농사'라는 주제를 가지고 농부들이 토양 회복을 위해 어떤 노력을 하면서 농사짓고 있는지 좀 더 구체적인 이야기를 들을 수 있었다. 좋은 기회가 닿아 두 번의 포럼에서 사회를 보았고, 너무 즐겁게 농부들의 이야기를 경청할 수 있었다. 농부의 이야기를 가치 있게 여기는 사람들이 모여 존중하는 태도로 경청하는 자리가 있다는 것, 그 자리를 만들어 내는 데 일조할 수 있다는 것이 주는 자부심은 꽤 컸다.

농부시장은 어떻게 보면 단순히 유통업으로 생각하기 쉬운데, 마르쉐가 만들어 내는 소농의 연결과 농부시장 문화는 참 대단하다. 농부와 소비자를 연결하는 중간자로서 서로의 경제적 필요뿐 아니라 그 삶 속 이야기를 연결하고 더 잘 이야기할 수 있도록, 더 잘 들을 수 있도록 판을 만들어 가는 모습을 오래오래 지켜 가길. 의미를 찾고, 만들어 내고, 널리 퍼뜨리는 자리가 더 많은 사람에게 가닿길 간절히 바란다.

코로나19 때문에 우리 사회는 큰 변화를 겪었다. 우리는 일터도 집터도 사람이 별로 없는 곳이라 일상에 큰 차이는 없었지만 그 여파를 피할 수는 없었다. 소비자와 생산자가 만나는 공간이었던 대부분의 농부시장이 어려움을 겪었다. 시장이 많은 사람이 오가는 공간인 만큼 코로나19의 확산으로 사회적 거리 두기가 강화될 때는 시장을 열 수 없었고, 시장의 크기가 축소되거나 예약한 꾸러미를 찾아가는 정도로 접점을 최소화해서 운영했다. 그나마 시장이 열릴 때에도 작물을 만질 수 없도록 소분·포장해 두거나 소비자와 될 수 있으면 대화를 많이 하지 않도록 안내 받기도 했다. 코로나19 때문에 새롭게 변하는 삶의 방식을 접할 때면 소비자와 만나는 접점, 농산물 포장과 쓰레기 문제를 고민해 오던 많은 시간이 '위험'과 '위생'이라는 이름으로 지워져 버리는 기분이 들곤 한다.

익숙했던 일상이 비일상으로 느껴질 만큼의 시간을 지나왔다. 많은 것이 바뀌어야 했고, 바꿀 수 있는 것과 바꿀 수 없는 것을 고민하고 선택해야 했다. 하지만 많은 것이 변한다 해도 사람들은 '먹고 살아야' 하고, 그것은 농부가 농사를 지어야 가능한 일이다.

코로나19 이전에도 농부시장은 생산자와 소비자 사이에 부족한 관계를 만들어 가는 중요한 역할을 했다. 코로나19로 사람들이 일부러 거리를 두며 살아가는 동안 비대면 배달을 이용하고, 밀키트 음식을 사 먹고, 인디넷 쇼핑을 하는 일이 사람들의 일상이 되어 농부시장은 또 다른 어려움을 겪으리라 생각된다. 하지만 그 어떤 어려움이 있어도, 코로나19 시대에도, 코로나19 이후 일상에서도 농부시장의 역할이 분명히 존재한다고 믿고 싶다.

사람과 씨앗이 만나는 곳, 두물뭍농장

양평에 이사 온 후 우리는 농사 외에도 여러 일을 해 왔다. 지금은 '종합재미농장'이라는 이름으로 우리 농사를 지으면서 동시에 두물뭍농장의 일을 맡아서 하고 있다. 두물뭍농장은 양수리 두물머리 근처에서 매달 두 번 열리는 '두물뭍 농부시장'과 연계해 시장의 자원봉사자들과 함께 꾸리는 농장이다. 우리는 농사일 전반을 안내하는 안내자 역할을 하고 있다.

두물뭍농장은 여러 가지 좋은 목표를 위해 만든 공간이다. 두물뭍 농부시장의 자원봉사자 중 농사에 관심 있는 사람들이 실제 농사일을 경험할 수 있도록 마련되었고, 일반 작물과 토종 작물이 어우러진 아름다운 토종 텃밭 정원을 꿈꾸는 공간이기도 하다. 농장 대표님은 소비자가 토종 작물을 직접 재배하고 생산에서 판매까지 경험해 보면서 농민과 농업을 더 잘 이해할 수 있게 해 주는 농장을 구상했다고 한다. 이런 경험을 하면서 농사짓는 삶으로 전환하는 사람들이 생겨났으면 좋겠다는 바람도 가지고 있었다고 한다.

처음 농장에서 함께 일하자는 제안을 들었을 때 우리는 우프나 농가행을 통해 다른 사람들과 함께 일하고 생활을 공유하는 일은 해 보았지만, 본격적으로 농사를 가르쳐 본 적은 없어 상당히 부담스러웠다. 하지만 우리가 서울의 작은 텃밭에서 지금의 모습까지 걸어온 것을 보면 이 농장이 누군가에게 전환의 기회가 될 수도 있겠다는 생각이 들었다. 농사를 가르쳐 준다기보다 우리가 바라고 실행하는, 자연과 함께하는 농사를 조금 더 많은 사람에게 소개하고 보여 주는 데 의미를 두자고 마음먹고 두물물농장에 참여하기로 했다.

농장 입구에서 체온을 체크하고 마스크를 쓰고 서로 조금씩 떨어져서 작업하는 코로나19 시대의 농장 풍경. 일이 끝나고 다 같이 밥을 먹기도 어렵고, 사람 여럿을 불러 모아 함께 큰 작업을 하기도 어려웠지만, 조심스럽게 만나 짧게 열심히 일하고 헤어지는 와중에도 농사의 즐거움과 아름다움을 충분히 느낄 수 있었다. 삽질에 익숙한 사람도, 흙을 만지는 것 자체가 낯선 사람도 있었다. 모두가 섞여 함께 농장을 만들기 시작했다.

첫해에는 자원봉사자들이 가져온 다양한 토종 씨앗을 모아 시기에 맞게 정리하고 가능한 한 여러 종류를 심었다. 아직 이 땅을 잘 모르기에 한번 다 심어 보자 싶었다. 초봄에 심은 네 종류의 토종 완두는 즐겁게 열매를 만날 수 있었지만, 가지나 고추 같은 채소는 수확량이 조금 섭섭했다. 여름에는 긴오이, 예산재래오이 등 낯선 오이를 맛볼 수 있었고, 가을에는 여러 종류의 콩과 팥을 거둘 수 있었다. 마지막 김장 채소까지 거두고 나누었다. 1년이 지나고 보니 잘된 것도, 그렇지 않은 것도 있었지만 다양함을 충분히 느낄 수 있었다.

두물물농장에서는 씨앗을 심고 씨앗을 거둔다. 농장에 온 사람들이 보통 사람들에게는 낯설 수 있는 작물의 온 생애를 이곳에서 경험해 볼 수 있기를 바란다. 여러 식물이 어우러진 농장 풍경에서 다양성이 주는 아름다움을 느낄 수 있기를 바란다. 또 이곳이 다양성으로 기후변화 등 위기에 적응할 수 있는 환경이 되기를 바란다. 두물물농장을 꾸려 가며 농사와 토종 작물을 설명하는 데 많은 노력을 기울이고 있다. 사람들의 머릿속에서 사라져 가는, 소비자에게 익숙하지 않은 토종 작물에 얽힌 이야기를 우리가 알고 있는 한 최대한 많이 전달하려 한다. 이런 이야기들이 농사에 애정을 갖는 계기가 되기를 기대한다.

　매번 오늘은 어떤 일을 할 것이고, 우리는 '왜' 이런 작업을 하는지 설명한다. 후에 비슷한 작업을 하더라도 본인이 무엇을 할지 판단하고 선택할 수 있었으면 하기 때문이다. 그리고 하나를 경험하고 그 방법을 알게 되었다고 그것을 다른 농사를 판단하는 잣대로 삼지 않았으면 해서 이곳의 농사 방식이 정답은 아니라고 덧붙이곤 한다. 농부들은 모두 자기 상황에 맞추어 원하는 목표를 이룰 최선의 방법을 선택하고 실천한다. 각자의 상황과 목표가 다르기에 취하는 방법이 모두 다른 것이다. 겉으로 보기에 동일한 행위도 의도는 다를 수 있다. 같은 의도로 다른 일을 할 수도 있다. 그렇기 때문에 왜 그렇게 하는지 이유가 중요하다. 이유를 알아야 내가 무언가 하려고 할 때 무엇을 위해서, 어떻게 해야 할지 알 수 있으니까. 행위의 의도를 알아야 그 때문에 결과가 만족스럽지 않더라도 다음에 무엇을 해야 할지 알 수 있다.

4년째 해마다 함께 농사를 지은 분들의 평가를 듣고 작물의 수와 종류를 조금씩 바꿔 가며 농사 계획을 세우고 있다. 자원봉사자로 함께하는 분들의 입장도 고려해야 하고, 일에 익숙하지 않은 사람들의 속도와 피로도도 고민해야 된다. 어떻게든 재배하고 수확하려는 농부의 계획이 어디까지 가능할지 계속 서로 맞추어 가는 중이다. 농사 방식을 유지해야 할지, 수확한 작물은 어떻게 판매할지, 모든 것이 실험이다. 그래서 우리가 이 작업을 계속 이어 갈 수 있을까, 하는 고민도 계속되고 있다.

하지만 여러 사람이 오고 가는 와중에 서로 챙겨 온 간식을 나누어 먹으며 관계를 만들어 가는 것도 농장에서 누릴 수 있는 즐거움이다. 첫해에는 아예 농사일을 모르던 분이 자연스레 엉덩이 방석을 챙겨 밭으로 걸어가는 모습을 보면서, 풀이나 작물을 능숙한 자세로 마주하는 모습을 보면서, 혼자 울컥 감동받을 때도 있었다.

올해 농사를 준비하며 두물몬농장의 미래를 그려 보았다. 다양한 토종 작물과 야생화가 제철에 맞추어 자신의 속도대로 자라고, 그 모습을 아름답게 여기는 사람들과 만나는 공간이 되기를. 여러 사람이 여러 식물과 함께 어우러지는 공간으로 두물몬농장이 잘 자리 잡을 수 있었으면, 하는 소망을 품었다.

"소비자이지만 식구입니다"
꾸러미의 시작

한 해 한 해 시골살이와 농사짓기에 익숙해지며 좀 더 다양한 방식의 직거래를 시도해 보기로 했다. 우리가 처음 농산물을 판매한 방법은 농부시장 직거래였다. 농부시장 출점은 소비자를 직접 만나 관계를 맺을 수 있고, 약간의 수수료를 제외하고 수익을 그대로 가져올 수 있다는 장점이 있다. 하지만 출점하는 날은 아예 농사일을 하지 못하고 사람과 대면하며 스트레스를 받을 수 있다는 것은 단점이다. 시장에 직접 가야 한다는 점과 시장에 나가지 않는 시기에도 수확되는 농산물을 떠올리며 농부시장 말고 다른 판매 방법도 마련해야겠다는 생각이 들었다.

다양하게 제철 농사를 짓는 우리에게 잘 어울리는 방식을 찾다 보니 우리와 비슷한 농사를 짓는 선배 농부들이 많이 하고 있는 꾸러미를 떠올리게 되었다. 농부시장은 시장에서 소비자와 대면하며 관계를 만들 수 있는 좋은 통로지만 매출이 들쑥날쑥하다. 그에 비해 미리 기간을 약속하고 지정한 날짜에 택배로 농산물을 보내는 정기 계약 꾸러미는 농가 소득 안정을 위해 유용한 방법 중 하나다.

여기저기 인터넷으로 시장조사를 해 보니 꾸러미는 다양한 농가와 법인, 지역의 농민 단체에서 사용하는 소비자 직거래 방법으로 목적이나 농사 방식에 따라 여러 형태로 운영되고 있었다. 매주, 격주, 매달 또는 1년에 4회 등 꾸러미를 보내는 간격도 다양했고, 계절에 따라 내용물이 바뀌는 제철 꾸러미 외에도 상품 내용에 변동이 거의 없는 샐러드 꾸러미, 이유식 꾸러미 같은 것도 있었다. 한 농가에서 보내는 것도 있고 커다란 농업 법인에서 대량생산 하거나 지역 농부들이 각자의 생산물을 조합해서 보내는 방식도 있었다.

우리가 주목한 것은 농부가 꾸리는 제철 꾸러미로 다양한 제철 채소를 키워 철에 맞는 채소를 조합해 소비자에게 보내는 방식이다. 소비자에게는 작물 선택권이 없지만 꾸러미를 소비하는 행위로 농부의 농사법을 지지한다는 개념이다. 내가 먹는 것과 파는 것을 구분하지 않고 다양한 채소를 적은 양으로 생산하는 우리에게 딱 맞는 방식이라고 생각했다. 꾸러미를 받는 사람들은 우리 농사를 지지하고 우리와 같은 것을 먹는 사람들이기에 단순히 소비자가 아니라 식구라는 생각이 들었다. 꾸러미 식구.

거리가 멀어 농장에 직접 와서 보기 어려운 사람들을 위해 작물을 키우는 과정과 농장 풍경을 인스타그램에 올려 공유하고, 매번 보내는 작물에 관한 설명과 먹는 방법, 보관법을 적은 편지를 보내 사람들이 낯선 채소를 만나는 과정을 도와준다. 큰 꿈일 수도 있지만 낯선 채소를 조리하고 먹어 보며 채소의 다양성을 느꼈으면 하는 소망과 새로운 맛과 선택에 열린 마음을 갖게 되었으면 하는 마음을 담아 보았다. 언제나 구입할 수 있는 같은 맛의 채소가 주는 안정감은 인정하지만 제철에만 맛볼 수 있는 다양한 제철 식품도 삶에 기쁨을 주는 요소로 함께했으면 좋겠다는 것이 우리의 마음이었다.

내용물을 선택할 수 없는 월 1회의 꾸러미. 이것만으로도 편하지는 않은 소비일 텐데, 우리 꾸러미에는 불편함이 한 가지 더 녹아 있다. 바로 포장이다. 농부시장에 출점하며 농산물 포장을 어떻게 해야 할지 충분히 고민해 왔다고 생각했지만 꾸러미는 또 달랐다. 꾸러미는 구매 후 바로 소비자의 장바구니에 들어가는 상품이 아니라 하루 동안 택배 상자 안에 들어 있어야 하니 신선도를 더욱 고려할 수밖에 없다.

콩이나 감자, 고구마 등 금방 상하지 않는 작물은 역시 신문지 봉투를 접어 담는다. 단단한 포장이 필요한 보리수나무 열매나 라즈베리는 유리병을 사용하기도 한다. 플라스틱 포장보다 유리병 포장이 무게도 더 나가고 비용도 많이 들지만 일회용 쓰레기가 나오지 않았으면 하는 마음에서 결정했다. 꾸러미 식구가 될 사람들에게는 미리 공지를 했다. 우리 꾸러미는 많이 불편하다고.

편지에도 꾸러미에 들어 있는 포장재에 관한 당부를 적는다. 다시 사용하는 데 에너지가 필요한 재활용보다는 가능한 한 지금 상태 그대로 재사용해 주었으면 한다고 사실 비슷한 맥락에서 우리는 신문지를 접어 봉투를 만들기 때문에 테이프를 떼거나 하는 다른 과정 없이 바로 종이로 버릴 수 있다. 재사용할 일이 없다면 택배 박스나 유리병은 모았다가 착불 택배로 우리에게 다시 보내도 되고 마르쉐@ 같은 농부시장에서 만날 때 갖다주어도 된다고 안내했다. 뭐 그거 얼마나 한다고 이러나. 이렇게 말할 수도 있지만 돈보다는 마음의 문제가 컸다. 경제적인 부분에서도 택배 박스와 유리병이 개당 500~1000원, 반년에서 1년 치를 모아 착불로 보내 준다면 비용 측면에서 그리 많이 손해 보는 일이 아니라고 생각했다.

유리병과 택배 박스를 돌려 달라니. 어떻게 보면 어이없고 이해하기 어려운 제안이었을 텐데 지난 4년을 돌아보면 그래도 꾸준히 택배 박스와 유리병을 되돌려 주는 꾸러미 식구들이 있었다. 택배 박스 여러 개를 노끈으로 잘 묶어서 마르쉐@혜화에 직접 들고 와 전달해 준 윰 님. 1년 치가 넘는 택배 박스를 깨끗하게 정리해 직접 들고 오는 모습에는 말로 표현하기 어려운 감동이 있었다. 몇 년째 3월부터 12월까지 지속되는 꾸러미 기간이 끝나면 유리병과 택배 박스를 꼼꼼히 포장해 한 번씩 손글씨 편지와 함께 택배로 보내 주는 아나 님과 몇 달에 한 번씩 택배 박스와 유리병을 들고 직접 꾸러미를 수령하러 방문하는 아롬. 그 마음을 느낄 때마다 힘을 얻는다. 이렇게 택배 박스를 챙겨 주는 식구들도 있고, 만날 때마다 유리병을 챙겨 주는 사람들도 있다. 끝없이 발신하는 우리 고민에 응답하는 꾸러미 식구들 덕에 우리의 고민이 헛되지 않았음을 또 한 번 확신한다.

이렇게 많은 고민을 담아 시작한 꾸러미지만 몇 년간 택배를 보내며 변화가 생겼다. 일회용을 쓰지 말자는 생각만 고집할 게 아니라 보내는 작물의 상태를 위해 필요한 경우 지퍼백을 쓰기로 했다. 더운 시기에 잎채소를 보낼 때라던가 건나물을 보낼 때는 상태 보존을 위해 비닐을 사용하지 않을 수 없었다. 보내면서도 최대한 재사용하길 바라며 당부의 말을 하고 분리수거를 할 때 잘 버릴 수 있도록 꾸러미 편지에 재질을 적어 보낸다.

농사를 시작한 세 번째 해에 다섯 가구로 시작한 꾸러미는 다음 해부터 열 가구로 늘어났고, 우리 상황에 맞추어 조금씩 늘었다 줄었다 한다. 5년간 함께해 준 사람도 있고 그만둔 사람도, 새롭게 합류

한 사람도 있다. 처음에는 농장에서 너무 먼 곳에는 꾸러미를 보내지 않았다. 계절감이 조금 다를 정도로 거리가 먼 곳까지 이곳 농산물을 보내야 할까, 하는 의문이 생겼기 때문이다. 몇 년이 지난 지금은 로컬 푸드의 기준을 고민한 끝에 조금 멀리 떨어진 곳에도 택배를 보내고 있다.

    한번은 택배 회사가 파업을 시작한 줄 모르고 꾸러미를 준비한 적이 있었다. 이미 수확해 놓은 채소들을 가지고 파업이 끝나길 그냥 기다릴 수도 없어서 직접 배달하기로 했다. 다행히 그해에는 꾸러미 식구가 서울과 경기도에 모여 있었다. 이틀 내내 겨우 배달하고 나니 새삼 우리가 택배 시스템에 크게 의존하고 있음을 깨달았다. 택배 시스템 덕분에 먼 지역의 소비자에게도 편하게 꾸러미를 보낼 수 있는 것은 매우 고마운 일이지만, 그 시스템 때문에 서로 만나지 않고 거래하고 있기도 하다. 꾸러미 식구들과 더 가깝게 살고 더 자주 만날 수 있다면 좋지 않을까, 하는 생각도 가끔 해 본다.

    '불편한 꾸러미'라고 표현했지만 그래도 나름대로 꾸러미 식구들에게 즐거움을 주기를 바라며 여러 방법을 고민한다. 같이 보내는 편지에 꾸러미를 최대한 잘 먹을 수 있도록, 먹는 방법뿐 아니라 저장법도 같이 적어 둔다. 토종이라고 전통 음식만 만들어 먹으라는 법이 있는가. 토종 채소와 작물로 요즘 상황에 맞는 다양한 요리를 해서 즐겁게 먹으면 좋겠다는 마음에 페스토, 파스타 등 다양한 요리의 조리법을 꾸러미 보내기 전에 먼저 시도해 보곤 한다. 그저 꾸러미 식구들이 우리가 기른 채소를 최대한 버리지 않고 남김 없이 맛있게 잘 먹을 수 있었으면 좋겠다. 이렇게 불편하고 고집 센 꾸러미는 올해도 계속 유지되고 있다.

토종 씨앗과 '씨앗 만나는 날'

서울에서 친구들과 텃밭을 가꿀 때 아는 사람에게 토종 수수 씨앗을 받아 밭 구석에 심은 적이 있었다. 어떤 모양새로 어떻게 크는지도 모르고 무작정 밭둑에 심은 수수를 고구마 수확을 도와주러 왔던 친구가 잡초인 줄 알고 베어 버렸다. 다 영글지 않은 수수 알곡이 달려 있는 수숫대를 아쉬워하며 종이봉투에 고이 담아 두었다가 양평으로 이사 올 때 들고 왔다.

처음에 양평으로 이사 왔을 때 우리가 텃밭에서 씨앗을 받아 가져 온 토종 작물은 네댓 가지 정도 되었을까. 아무것도 모르고 심어 본 토종 씨앗이 농사 7년 차인 지금은 50여 가지로 늘어났고, 이제는 그 작물들의 씨앗을 거의 해마다 받으며 농사를 이어 가고 있다. 우연히 접한 토종 씨앗이 어쩌다 우리 농사에 이렇게 깊이 들어와 버렸을까. '토종이 자란다'를 통해 몇 해 동안 다섯 가지에서 열 가지씩 받아 온 씨앗과 다른 농부들에게서 한두 가지씩 얻어 온 씨앗, 최근에는 양평에 새로 생긴 양평토종씨앗연구회에서 나눔 받은 씨앗이 차곡차곡 쌓여 생긴 결과다.

토종 농사를 시작하고 몇 년간 '토종이 자란다'의 씨앗 나눔과 선배 농부의 경험 나눔으로 많이 배웠다. 토종을 키우는 사람이 많지 않고, 토종 씨앗 재배 관련 자료도 많지 않던 시기에 토종 농사를 시작했기 때문에 배울 곳은 다른 농부의 경험 나눔뿐이었다. 농사를 시작하고 해마다 연초에는 '토종이 자란다' 공부 모임에 참여하며 다른 농부님들을 만날 수 있었고, 봄가을로 씨앗 나눔을 받을 수 있었다. 느슨한 농부 공동체였던 '토종이 자란다'는 몇 년간의 활동 끝에 2023년 봄부터 씨앗 나눔을 더는 하지 않기로 결정했다. 그렇지만 모임에서 씨앗 나눔을 한 7년이라는 기간에 우리 같은 초보 농부들이 나누어 받은 에너지는 헤아릴 수 없을 정도로 크다. 그간 나눈 토종 씨앗만큼 씨앗과 그에 얽힌 이야기도 나누어 우리 삶을 만들어 가는 또 다른 씨앗이 될 것이라 믿는다.

이렇게 콩과 팥, 수수와 동부, 완두와 상추 하나하나가 어느 농부에게서 왔고, 어떻게 키웠고, 언제 무슨 일이 있었는지 등 나에게 추억이 있는 의미 있는 작물이지만 어떤 면에서는 돈과 바꾸어야 하는 생산물이기도 하다. 사실 개량종에 비해 작게 자라고 적게 거두는 토종 농산물을 더 적고 작게 자라는 농사법으로 키우고 있기에 우리가 수확하는 농산물을 판매하는 것으로는 둘이 살아가기에 충분한 수입을 거두기 어렵다. 그러면 그냥 판매할 것이 아니라 가공을 해서 부가가치를 높여야 한다고 말하기도 하는데, 역시 가공시설을 만들고 허가를 받으려면 어느 정도 규모가 되어야 가능하다.

무엇을 팔아야 돈을 벌 수 있을까 고민하다 보면 어느새 밭에 자라는 모든 것을 팔아 볼 생각을 하고 있다. 쑥을 뜯어 볼까? 개망초는? 민들레는? 실제로 채취해 판매도 하고 있다. 하지만 문제는 그것을 채취하고 정돈하는 일 또한 손이 가는 노동이라는 사실이다. 판매 금액을 생각하면 터무니없는 시급이 책정되는 노동 말이다.

결국 우리는 우리가 쌓아 온 작은 경험을 정리해서 체험 프로그램으로 만들어 보기로 했다. 씨앗을 심고 씨앗을 받는 것이 우리에게는 익숙해진 일상이지만 토종 씨앗을 처음 접한 사람들에게는 아무래도 쉽지 않은 일이어서 그런지 종종 토종 작물 모종을 팔아 달라거나 씨앗 받는 법을 알려 달라는 사람들이 있었다. 그래서 토종에 관심은 있지만 익숙하지 않은 사람들과 함께 작물의 맛을 보거나 채종하는 방법을 나누는 시간을 갖는 것도 좋겠다는 생각이 들었다.

우리 공간에 사람들이 온다면 같이 밭을 둘러보며 밭에서 작물들이 어떻게 크는지 볼 수 있으면 좋겠다. 씨앗 받는 법을 알려 주고 실제로 작업도 해 봐야겠지. 말로 듣는 것과 한 번이라도 눈으로 보는 것은 큰 차이가 나니까. 직접 수확해서 먹어 볼 수 있다면 어떨까? 간단하게 조리한 토종 작물을 맛보는 것도 꼭 넣자. 농부의 밥상처럼 우리가 잘 해 먹는 것들로. 비슷한 종류를 함께 맛보면서 비교해 보는 것도 재미있겠다. 우리는 이런 대화를 나누며 사람들을 모아 만나는 모습을 상상해 보았다.

2022년 초에 마침 경기도 종자관리소에서 추진하는 '토종 농산물 활성화 사업'을 알게 되었다. 우리가 생각한, 토종을 주제로 한 체험 프로그램을 지원하는 사업이었다. 정부 지원 사업의 서류 작업이 쉽지 않다는 걸 경험으로 알고 있기에 고개를 절레절레 저었지만 그 도움으로 체험 프로그램을 시작할 수 있었다.

그동안 나눈 이야기를 정리해 '씨앗 만나는 날'이라는 제목으로 프로그램을 만들었다. '씨앗 만나는 날'은 밭을 둘러보며 농장 소개와 토종 작물 재배 경험을 이야기하는 '토종 농사 엿보기'와 농장에서 키운 토종 작물을 소개하고 간단한 음식을 맛보는 '토종 작물 맛보기', 그리고 다양한 토종 씨앗과 채종 방법을 소개하고 함께 씨앗을 고르는 '토종 씨앗 고르기'로 이루어져 있다. 세 시간 정도로 시간을 정하고 직접 농사를 짓거나 토종 농사를 희망하는 사람들을 만나자고 했다.

첫 만남을 준비하면서 얼마나 떨었는지 모른다. 행사 첫날, 차를 마시며 둘러앉아 시작을 기다리는 참가자들의 표정을 보고 나니 마음이 가벼워지는 신기한 경험을 했다. 예상대로 농사를 짓거나 작은 텃밭을 가꾸는 사람이 많았다. 귀촌을 준비하며 앞으로의 생활을 그려 나가는 사람과 토종 농산물을 활용한 사업을 구상하거나 토종 작물 자체가 궁금해서 온 사람도 있었다.

초여름부터 준비했던 행사지만 이런저런 사정 때문에 가을에 시작했다. 하필 서리도 빨리 내리는 바람에 월동 작물 빼고는 대부분 수확을 마친 상태였다. 다양한 토종 작물을 보여 주고 싶었는데, 빈 밭을 보여 주게 되어 아쉬웠다. 그래도 남아 있는 배추와 무를 소개하고 밭을 거닐며 우리 농사 방식과 지금 밭의 상황, 주요 작물들을 기르는 과정과 방법에 관해 이야기를 풀어 나갔다.

'토종 씨앗 고르기' 시간을 위해 첫 번째와 두 번째 만남에는 오이를 준비했고 이후에는 팥과 콩으로 진행했다. 오이는 씨앗을 받을 수 있을 수 있도록 노각을 수확해 후숙해 두었다가 참가자들이 직접 오이를 갈라 속의 씨앗을 긁어 내도록 했다. 원래라면 긁어 낸 씨앗을 반나절 햇빛에 삭히는 작업을 이어서 해야 하지만 우리가 전날 삭혀 둔 오이 씨앗으로 주무르고 물에 헹구어 씨앗을 건져 내는 작업을 마무리했다. 건져 낸 씨앗은 광목 행주에 널고 이름표를 붙였다. 팥과 콩은 역시 수확해서 잘 말려 둔 팥대와 콩대를 두드려 떨고, 키질로 검불을 날려 알곡만 모았다. 모아 둔 알곡 중 가장 튼실하고 깨끗한 팥과 콩을 다음 씨앗으로 고르는 작업을 함께했다.

다섯 번의 맛보기 중 처음 두 번은 오이와 완두가 주인공이었다. 오이는 우리가 키우는 조선오이와 두물물농장의 예산재래오이, 마트에서 사 온 다다기오이를 준비해 각각 맛을 보았다. 오이도 나이 들어 감에 따라 맛이 달라진다. 조선오이와 예산재래오이, 길쭉하고 얇은 청오이와 나이 들어 통통하고 노랗게 변해 가는 약간 늙은 오이를 각각 준비해서 맛과 식감의 차이를 관찰하며 먹었다. 그러고는 토종 노랑완두로 만든 후무스와 노랑완두와 토종 팥을 넣어 만든 콩 샐러드를 우리 밀 빵에 곁들여 맛보았다.

세 번째 만남에서는 팥과 늙은 호박을 주인공으로 노랑팥, 흰팥, 녹두팥, 재팥, 붉은팥을 각각 삶아 맛보았다. 토종 팥·동부를 섞은 토종 콩 샐러드와 늙은 호박 스프레드를 빵과 함께 먹었다. 11월에는 팥과 함께 우리 밭에서 수확한 다섯 가지 고구마를 삶아 맛을 비교하며 먹어 보았다.

다섯 번의 만남을 마치고 나니 우리가 얼마나 욕심을 부렸는지 알게 되었다. 계획한 것을 다 하려고 하니 세 시간으로는 부족해서 30분 정도 늦게 끝나는 날이 많았다. 단번에 너무 많은 것을 하려 했던 것이다. 참가자들도 프로그램을 덜어 내거나 아예 두 가지로 나누어 진행해도 좋겠다는 의견을 주었다. 우리 입장에서는 다섯 번 모두 가을과 겨울 사이에 진행하다 보니 처음에 계획했던 봄여름 작물을 소개할 수 없어 안타까웠다. 다음 해에는 미리 계획을 세우고 계절마다 한 번씩 진행해 보면 좋겠다고 생각했다.

2023년에는 이 경험을 반영해 처음과는 조금 바뀐 '씨앗 만나는 날'로, 멋지게 만든 매뉴얼과 함께 또 새로운 누군가를 만날 예정이다. 토종 씨앗에 관심 있는 사람들과 즐거운 이야기를 나누게 될 날을 기다린다.

당신의 삶은 지속 가능한가?

이 장의 제목은 '지속 가능성이라는 말'이다. 지속 가능성이 도대체 무엇이기에. 지속 가능성이라는 말 뒤에 나는 지난 6년간 우리가 어떻게 살아왔는지 이야기했다.

지속 가능한 삶. 사람들은 우리에게 당신이 이야기하는 방식의 삶이 정말 '지속 가능'한 것인지 묻는다. 사람들이 우리에게 물어보는 지속 가능성은 이 직업, 이 농사, 이 생활에 관한 질문이지만 대개 그것을 가늠해 보는 저울은 수입과 지출에 맞추어져 있다. 보통 지속 가능성이라는 단어 뒤에는 "수입이 얼마인가요?", "그 정도 수입으로 생활이 유지되나요?", "아이는 있나요? 아이가 없어서 가능한 것이죠?", "앞으로도 계속 농사지을 수 있겠어요?" 같은 질문이 따라오기 때문이다. 그런 질문에는 자기 삶을 어떻게든 그려 보려는 절박한 마음이 담겨 있다고 생각해 덤덤하게 대답하기도 한다. 우리도 아이가 없고 다행히 몇 년간 큰돈 들 일이 없었기에 계속할 수 있었다고.

"당신의 삶은 지속 가능한가?"라는 질문은 다시 말하면 "이대로 계속 살 수 있는가?"라는 뜻이다. 이대로 계속 살 수 있느냐는 말은 이대로 살았을 때 우리에게 미래가 있는지 묻는 것이다. 쉽게 대답할 수 있을 것 같지만 이 질문에는 꽤 다양한 의미가 담겨 있다. 개인의 경제적 측면에서 보면 "네가 현재 버는 돈으로 너의 삶을 유지할 수 있니?" 조금 더 우리 상황에 맞게 풀어서 말해 보자면 "지금 하고 싶은 일을 하며 적게 벌고 사는데 계속 그렇게 살 수 있겠니?"라고 할 수 있겠다.

하지만 "당신의 삶은 지속 가능한가?"라는 질문에는 "지금 이대로 산다고 했을 때 당신의 마음이 괜찮은가?" 하는 물음도 들어가 있다. 지금 내 삶이 진짜 하고 싶은 것, 진짜 옳다고 생각하는 것, 진짜 만들어 보고 싶은 삶의 모습인지 물어보는 것이다. 만약 지금의 삶이 원하는 바가 아니라면 내 소망을 참고 타협하여 사는 것이 앞으로도 지속 가능한지 물어보는 것이다. 모두가 꿈을 찾아 떠날 필요는 없다. 꿈보다 안정성을 중요하게 여길 수도 있다. 현실적인 계획을 소원 성취보다 중요하게 생각할 수도 있다. 다만 내가 무엇을 원하는지, 내가 무엇을 중요하게 생각하는지 그래서 지금 이 삶을 선택했다는 것은 알아야 하지 않을까. 이 또한 배부른 소리인가?

지속 가능성에 관한 질문에는 개인적 삶은 물론 유한한 지구에서 이런 방식의 삶을 앞으로도 이어 갈 것인지 묻는 질문도 들어 있다. 이 돈으로 삶을 유지할 수 있는지 묻는 것은 우리가 소유하고 누릴 수 있는 자연 자원에 한계가 있는데 이만큼 사용하면서 이 수준의 삶을 계속 유지하는 것이 가능할까, 하는 질문이기도 하다.

지속 가능성과 환경을 이야기할 때 언급되는 생태발자국 지구의 생태서비스와 자연자원에 대한 인류의 수요를 측정한 개념이다. 재생 가능한 자원 생산과 폐기물 흡수에 필요한 생물학적 생산성을 지닌 토지와 바다의 규모를 측정하는 통계도구다. 한국의 생태발자국은 국내뿐만 아니라 한국에서 소비된 국외의 자연자원 양까지도 모두 포함하여 측정한다(한국생태발자국보고서, 2016년)이라는 개념이 있다. 우리가 걸어가면 그 뒤에 발자국이 남듯이 사람들의 삶 때문에 생기는 흔적 혹은 결과를 수치화한 것이다. 우리는 살아가면서 음식도 필요하고 주거 시설이나 교통, 기타 다양한 서비스를 유지할 수 있게 해 주는 에너지도 필요하다. 생활 폐기물도 처리해야 하는데, 생태발자국은 내게 필요한 것을 생산하기 위해서는 어느 정도의 면적이 필요한지 계산하는 것이다. 에너지나 자원을 많이 쓰는 사람에게는 더 많은 생산을 위한 더 큰 토지 면적이 필요하다. 사람들이 필요로 하는 면적 수요과 지금 지구에서 이러한 생태 자원을 생산할 수 있는 토지 면적 공급을 계산해 보면 수요와 공급의 관계를 알 수 있다.

지금 지구는 수요가 지속 가능한 공급을 초과하는 상태다. 지구 생태계가 스스로 회복할 수 있는 한계치에서 생산할 수 있는 자원보다 사람들이 쓰는 자원이 더 많다. 다음 세대를 위해 남겨 두어야 할 것들을 꺼내 쓰고 있다는 소리이기도 하다. "이렇게 살면 지구 1.7개가 필요합니다"라는 표현이 여기에서 나온 것이다. 우리가 지금처럼 살 때 우리에게 필요한 모든 것을 유지하기 위해서는 이 지구만으로는 부족하다. 물론 유럽과 아프리카, 아시아와 미국의 생태발자국이 모두 같지는 않지만 전 지구적으로 볼 때 인류는 지금 지속 가능하지 않을 정도로 생태 자원을 쓰고 있다.

지속 가능성의 기준이 무엇인지 개인의 경제구조로 한정해 물어본다면 우리 방식으로 짓는 작은 농사만으로 우리의 경제생활은 지속 가능하지 않다. 그래도 이런 농사를 지속하기로 결정한 이상 경제적인 부분은 어떻게든 만들어 간다고 생각하고 있다. 농사 외의 일을 더 하는 것을 걱정하지는 않는다. 이런저런 것들을 동시에 해 나가는 것이 일반적인 농가의 삶이라고도 생각한다. 나는 오히려 내 체력적인 부분의 지속 가능성이 더 걱정된다. 기계와 화석연료를 적게 쓰는 방식의 농사를 얼마나 오랫동안 지속할 수 있을까. 어린 시절부터 농사로 잔뼈가 굵은 어르신들도 나이가 들면서 관절 등 몸 여기저기가 고장 나기 일쑤인데 책상물림으로만 살아온 나는 벌써부터 몸이 삐걱거린다. 내 삶을 유지하기 위한 지속 가능성에는 체력과 건강에 관한 것도 포함되어야 하지 않을까. 내 마음이 이 삶을 계속하는 것이 가능하다고 대답하는 것과는 별개로 말이다.

마지막으로 수많은 사람이 함께 살아가고 살아가야 할 이 지구에서 수많은 사람 중 하나로서 내 삶은 지속 가능한지 묻는다면 지속 가능하고 싶기 때문에 이렇게 산다고 대답해야겠다. 내가 생각하는 우리의 지속 가능한 삶은 사용 가능한 기간보다 더 긴 시간 쓰레기로 남을 물건을 생산하는 게 아니라 우리가 살아가기 위해 꼭 필요한 음식을 만들어 내는 농사를 짓는 삶이다. 또 농사를 짓는 일에서도 과잉생산과 쓰레기를 만들어 내는 일을 최소화하고 자연의 흐름에 맞추어 자연과 함께 살아가려 하는 삶이다. 내가 생각하는 지속 가능성은 한순간의 정답이 아니고 지속 가능하기 위해 계속 노력하는 일이다. 그렇게 노력하는 삶이 모여 지구가 지속 가능해진다고 믿기 때문이다.

마르쉐@에 출점할 때면 우리는
토종과 이어 가는 씨앗들로
키운 채소로 매대를 채운다.
그리고 찾아오는 소비자들과
열심히 이야기를 나눈다.

포장은 돌아오는 거야! 꾸러미를 담아 보내는 택배 상자와 유리병, 포장지까지 깨끗이 모아 돌려주는 꾸러미 식구들. 돌아오는 택배 상자 가득 담긴 그 마음을 받을 때마다 항상 놀라며, 감사하는 마음을 갖게 된다. 가끔은 상자에 손편지가 붙어 오기도 한다.

매달 제철 채소들을 수확해 꾸러미를 보낸다. 우리와 같은 것을 나누어 먹는 식구들에게로. 사진은 9월과 10월 꾸러미에 담은 것들.

매달 꾸러미 편지에 농장 소식과
꾸러미 내용물에 관한 설명을
적어 보낸다.

안녕하세요, 꾸러미 식구여러분.

종합재미농장은 한창 가을이에요. 녹색으로 가득했던 풍경에 노랑과 갈색이 많이 섞여가는 중입니다. 얼마 남지 않은 가을과 곧 다가올 겨울에 우리는 또 얼마나 아름다운 풍경을 만날 수 있을까요? 매일 이런 생각만 하는 건 아니에요. ㅎㅎ 며칠간 내리는 가을비에 뜨거운 햇볕이 필요한 알곡들 걱정을 한참 하다가 문득 왜 이렇게 걱정이 가득한 채 살고 있나 하는 생각이 들었어요. 지금은 긍정적인 방향으로 생각을 움직여보려 노력하는 중입니다. 여러분은 어떠신가요? 가을을 잘 만나셨나요? 가을비를 보며 무슨 생각을 하셨나요?

얼마 전에 고구마를 수확했어요. 올해 비가 많이 와서 고구마 작황이 들쑥날쑥 한 것 같아요. 아주 수확이 안좋아서 고구마 수확을 포기했다는 농부님도 계셨고, 어디어디 동네는 잘되었다더라~하는 이야기도 들었습니다. 저희는 올봄에 심은 다섯가지 고구마 중에 제일 먼저 꿀고구마를 한 줄 캐왔어요. 작년과 비교하면 좀 많이 아쉬운 양이 나왔어요. 그 자리가 유난히 그런 거인지, 꿀고구마가 유난히 그런 것인지, 다른 고구마들을 다 캐보면 알 수 있으려나요. 일단 먼저 수확한 꿀고구마를 한동안 말려두었다가 보냅니다. 적은 양이고 다음달에도 고구마가 또 갈테니 보관해두지 마시고 바로 드세요.

가을 초입에 심은 쪽파가 생생하게 잘 자라있습니다. 비를 맞고 더 촉촉하니 아삭아삭해 보여요. 많이 맵지 않고 맛있어요. 국이나 찌개, 라면에도 썰어 넣어 보시구요. 부침개를 할 때도, 볶음요리 같은 걸 할 때도 잘 어울립니다. 쪽파가 여리고 달달하니 데쳐서 돌돌 말아 초장에 찍어 먹는 쪽파숙회를 해도 좋을 것 같습니다.

요즘처럼 공기가 차가워지면 콩과 팥이 여물 때가 되었다는 생각이 들어요. 토종팥이 꼬투리가 통통하게 차오르고 있습니다. 한 봉지에 들어있는 콩 꼬투리로 보이는 것들은 모두 세종류입니다. 조금 길다란 콩꼬투리는 개파리동부 풋콩입니다. 얼룩무늬가 있는 갈색의 콩으로 파근파근하고 단맛이 있습니다. 덜 익은 녀석들은 연두색과 갈색의 중간정도 느낌이에요. 토종팥은 노랗게 익는 토종 노랑팥과 얼룩덜룩한 짙은 회색이 되는 재팥, 이렇게 두 종류에요. 아직 덜 익은 풋꼬투리를 따서 보냅니다. 꼬투리를 까다 보면 연한 색부터 진한 색까지 다양한 색을 보실 수 있겠어요. 풋콩과 풋팥은 다 익은 딱딱한 마른콩, 팥과 달리 부드럽고 촉촉해서 불릴 필요없이 바로 조리하시면 됩니다. 풋팥은 얼마나 맛있는지 벌레도 정말 잘 먹습니다. 고르고 골라 보내지만 혹시 애벌레가 따라 갈수도 있음을 알려드려요. 저희는 요즘 풋팥을 넣고 밥을 지어 먹어요. 3종류 다 꼬투리가 마르기 전에 까서 바로 드시는 게 좋지만 혹시 보관하고 싶으시면 껍질을 까서 씻은 후에 알맹이만 냉동해두세요. 냉동상태로 밥을 지을 때 쌀 위에 얹어서 밥을 하셔도 괜찮습니다.

커다란 녹색 덩어리는 애호박입니다. 토종청호박의 애호박이에요. 호박은 워낙 다른 종류와의 교잡이 잦아서 같은 씨앗을 심어도 서로 다른 모양이 나올 때가 많습니다. 조금 더 커진 것들은 씨앗이 더 영글었을 수도 있지만 너무 단단하지 않다면 보통 애호박처럼 속안까지 다 드셔도 됩니다. 잘라서 찌개에도 넣고 볶음도 하고 애호박을 아예 믹서에 갈아서 말가루만 넣고 부침개를 하는 방법도 있습니다. 매운고추도 하나 정도 같이 갈아서 부쳐도 잘 어울리더라구요.

160

전에 얘기했듯이 다 못드시면 끓는 물에 소금 조금 넣으시고 사용할 크기로 썰어놓은 애호박을 30초 정도 데쳐서 냉동보관하세요~ 한 주먹씩 소분해서 냉동하시는거 아시죠? 집에 야채 없을 때 냉동한 애호박을 후루룩 된장찌개에 넣으니 참 편하더라구요.

여름내 보내드린 고추는 소량이 또 갑니다. 이제 고추도 거의 막바지예요. 여름 동안 더위를 견디며 매워진 녀석들은 대부분 따냈어요. 가을 들어서며 새로 자라난 고추들은 지난번 고추보다 덜 매워요. 매운걸 질색하는 저도 고추장을 찍어 생으로 먹을 수 있을 정도에요. 하지만 여전히 매운 고추도 섞여있다는 걸 잊지마세요~;;;

가지도 본적 있으시죠? 조금 작지만 똑같은 토종 육지기 가지입니다. 통통한 육지기 가지가 가을이 되면서 길쭉해졌습니다. 가지 맛있게 먹는 방법이 있으면 공유해주세요~ 전에는 작은 가지들을 모아 〈조선셰프 서유구의 김치이야기〉라는 책에 나온 가지김치를 해봤어요. 김치라고 해도 소금물에 절이는 정도의 요리였지만 신기한 경험이었습니다. 가지를 소금물에 절여두었다가 겨울에 꺼내서 책에 나온 대로 쭉쭉 찢어서 꿀을 뿌려 먹어봤거든요. 단짠의 원조가 이것인가 싶은 맛이었습니다. ㅎㅎ 짭짤한 올리브절임이 떠오르기도 했구요. 새로운 음식에 겁이 없는 분이라면 소량 시도해보세요~

푸른 잎사귀들은 상추와 속은 무입니다. 올가을에는 너무 슬프지만 토종상추 키우기에 실패했어요. 상추는 아직까지 완전히 친해진 작물이 아니라 이렇게 한 번씩 고생을 해네요. 3년만에 상추 모종을 시장에서 샀어요. 청상추, 적상추, 오크상추 세 종류입니다. 익숙하지 않은 환경일텐데 다행히 자리를 잘잡았습니다. 오랜만에 상추를 보내드립니다.

속은 무는 저희가 계속 씨앗을 받아오는 토종 쥐꼬리무와 산서무에요. 잎사귀 모양이 조금 다르게 생겼습니다. 쥐꼬리 무는 줄기를 중심으로 양옆으로 작은 잎사귀들이 붙어있다면 산서무는 통째로 이어진 잎사귀 모양이에요. 맛은 사실 많이 차이는 모르겠어요. 토종무는 여름 끝에 김장용으로 심는데요. 혹시라도 씨앗이 싹이 트지 않거나 벌레에 먹혀버릴까봐 좀 여유 있게 씨앗을 뿌려요. 처음엔 무가 촘촘히 자라죠? 무가 자람에 따라 필요한 공간을 만들어주면서 하나씩 뽑아 먹고 큰 놈을 남겨요. 이렇게 무를 속아서 열무처럼 먹습니다. 저희는 종종 쫑쫑 썰어서 된장국을 끓여 먹어요. 더펴서 된장양념 (된장, 다진마늘, 매실청, 참기름) 무쳐도 좋습니다.

저희 같은 노지 농사는 봄에 마지막 서리가 끝나고 본격적으로 시작해서 가을에 첫 서리가 내릴 때 거의 마무리가 됩니다. 서리가 내려도 살 수 있는 작물이 많지 않거든요. 양평은 보통 10월 말에 서리가 오는데 작년은 좀 이르게 10월 중순에 왔구요. 재작년은 좀 느리게 11월초에 왔습니다. 서리 전에 수확할 것들, 심을 것들 이것저것 할 일이 많아서 서리가 좀 늦게 왔으면~ 하고 바랬다가도, 일단 서리가 와서 강제로 농사일이 끝나버려 더 애태울 일이 없어지고 나면 '속 시원하다~ 더 일찍 오지~ 하는 마음이 들기도 합니다. 얘기를 하다보니 벌써 농사의 마무리를 생각하게 되는 10월이에요. 이젠 꾸러미도 두 달밖에 안 남았습니다. 그동안이 꾸러미에 대해 궁금한점, 아쉬운점, 마음에 든 점 같은 건 언제나 이야기해주셔도 돼요.

다음달엔 아마도 밭의 마지막을 장식해줄 무, 배추와 함께 인사드릴 것 같습니다. 다음달 꾸러미로 만나게 될 때까지 모두모두 건강히 행복하게 지내길 바라요~~

편지에는 작물의 이름과 맛있게 먹는 방법, 오래 보관하는 방법 등, 실제로 우리가 해 보고 정리한 내용이 들어 있다.

처음에는 우리 농사방식과 잘 맞을
것이라는 생각에 관심이 생긴 토종
씨앗. 하지만 씨앗마다 갖고 있는
이야기와 재미난 이름, 다양한 색과
모양에 점점 빠지게 되었다.

속노란서리태

쥐눈이콩

한아가리콩

선비잡이콩

키작은강낭콩

개파리동부

노랑녹두

재팥

붉은이팥

 붉은꽃완두
 노랑차조
 붉은땅콩

 흑찰옥수수
 쥐이빨옥수수
 청호박

 삼층거리파
 수세미
 쥐꼬리무

 물고구마
 옥지기가지
 사과참외

ⓒ농부시장 마르쉐

네 번째 장

한 사람의 농부를 키우기 위해 필요한 것

한 아이를 키우려면 온 마을이 필요하다는 말이 있다.
한 사람을 농부로 키우기 위해서는 무엇이 필요할까.

인정받고 지지 받는 관계의 중요성

양평으로 이사하고 처음 농사를 짓기 시작할 때 나름의 원칙과 방향성을 정하고 시작했다. 하지만 우리 삶에 농사를 들여놓는 것 자체에 집중했고 그 외에 큰 계획을 세우지는 않았다. 하루하루 농사일을 하며 시간을 보내다 보니 자연과 함께하는 농사를 짓는 우리의 역할에 관해 생각해 보거나, 직거래 장터에 나가고 꾸러미를 만들어 농산물 판매를 하고, 우프나 기타 활동을 하면서 외부와 연결되고 경험을 나누는 일을 하게 되었다. 이 모든 것이 이루어진 데는 우리의 의지도 영향을 미쳤지만, 농사짓기 전부터 보고 만나 온 사람들에게 받은 영향도 크게 작용했다고 생각한다. 이 과정이 재미있었기 때문에 여기까지 왔지만, 결코 쉽지는 않았다. 우리가 지금까지 농사짓는 삶을 유지하는 이유는 무엇일까.

서울에 살 때 농부시장 마르쉐@에서 주최한 '농가행' 프로그램에 참여해 손으로 짓는 자연농 논농사를 경험해 본 적이 있다. 땅을 갈지 않고 풀과 함께 키우는, 기계와 화석연료의 도움을 최소화하고 손으로 직접 짓는 농사 방식으로 벼의 한살이를 함께하는 프로그램이었다. 두 달에 한 번쯤 이런 농사에 관심 있는 사람들이 서울 어딘가에서 새벽부터 만나 작은 버스를 타고 홍성 풀풀농장으로 향했다. 버스에서 내려 작업복으로 갈아입고 농부의 설명을 들었다. 처음에는 모내기를 했고, 톱낫을 손에 들고 풀베기도 했다. 8월경 이삭이 패기 전에 마지막 풀베기를 하고, 10월 추수를 기다렸다. 추수하는 날에는 열댓 명이 아침부터 오후 늦게까지 낫으로 벼를 벤 후, 발탈곡기와 훑태로 알곡을 떨고, 비비고, 까락을 날려 정리했다. 일이 마무리될 때쯤 옆 논에 콤바인이 들어가 여럿이 하루 종일 한 일을 30분 만에 끝내고 나오는 것을 보았다. 이것이 현실이구나. 그냥 그 순간 농사는 기계를 사용할 수밖에 없겠다는 생각이 절로 들었다.

그렇기에 기계를 쓰지 않고 사람들과 농사를 해 보자고 나선 풀풀농장 이연진 농부님이 더 대단하게 느껴졌다. 나라면 어떻게 했을까. 과연 농부도 아닌 사람들을 데리고 이 작업을 해 보자고 결심할 수 있었을까. 최신 기계와 기술이 계속 개발되고 대부분 그것을 사용하고 있는데, 다른 방향으로 향해 걷는 농부와 그의 농사를 처음으로 제대로 만난 경험이었다.

풀풀농장과는 이렇게 인연을 맺어 지금도 마르쉐@ 동료로, 소농 동지로 만남을 이어 가고 있다. 가끔 방문해 보면 풀풀농장의 땅은 풀로 가득하다. 서로 비슷한 농사를 짓고 있지만 풀풀농장은 경험이 많은 만큼 풀을 좀 더 자연스럽고 적극적으로 사용한다. 언젠가 이연진 농부님이 "맨땅에 닿는 햇빛은 그냥 흩어지지만 풀이 있을 때는 풀이 그 햇빛을 받아 자라고 우리는 그 풀을 이용하니 풀에 햇빛을 저금하는 것과 같아요"라고 한 말이 기억에 남는다. 햇빛을 저금하다니! 상상해 본 적 없는 개념이다. 밭에 가득 자란 민들레의 꽃을 따서 차를 만들 수 있다는 것도 풀풀농장에서 배웠다.

둘 다 자연농이라는 철학에서 시작한 농사라 서로의 밭 풍경을 보며 익숙함을 느끼기도 하고 농사에 관해 마음 편히 이것저것 묻기도 한다. 자연농 방식의 농사를 한발 앞서 시작하고 수년째 유지해 온 풀풀농장은 우리에게 이정표 같은 존재다. 존재 자체만으로도 든든하다. 풀풀농장은 최근에 쌀 맥주를 만드는 양조장을 직접 짓고 새로운 방향으로 나아가고 있다.

이렇게 관계를 맺어 가고 있는 선배 농부 중 논산에 있는 꽃비가 내리는 과수정원, 꽃비원이 있다. 꽃비원은 마르쉐@에서 소비자와 생산자로 처음 만났다. 시골살이를 고민하던 즈음, 친구가 두 분을 소개해 주어서 꽃비원과 논산에 있는 빈집을 보러 가게 되었다. 잘 모르는 사이였는데도 흔쾌히 초대해 주어서 하루 날을 잡아 논산에 내려갔다. 꽃비원 차를 함께 타고 논산 시내에서 조금 들어간 동네에 자리한 작은 시골집에 도착했다. 처음으로 둘러본 시골집은 한옥을 개조한 농가로 사자 모양 대문 손잡이가 기억에 남아 있다. 두 분과 함께한 덕에 여유롭게 집을 둘러보고 어떻게 고치고 이용할지 이런저런 상상도 해 볼 수 있었다. 집은 너무 마음에 드는데 강원도 사람인 내 눈에는 집 앞뒤로 쫙 펼쳐진 평야가 낯설었다. 산자락이 보이지 않는 풍경이라니. 알음알음 소개로 간 모르는 동네에서 잘 살 수 있을까, 하는 걱정이 들었고, 부모님 집과 꽤 멀다는 생각이 들어 논산으로 이사하지 않았다. 하지만 시골집을 보러 간 그 첫 경험이 우리에게 많은 용기를 준 덕에 다른 지역에도 선뜻 가 볼 수 있었.

인간관계에 조금은 소극적인 우리가 꽃비원을 보며 놀라는 부분 중 하나는 다양한 도전에 열려 있고 관계를 잘 만들어 간다는 점이다. 2018년에는 몇몇 작은 농가가 모여 꽃비원 홈앤키친에서 소농 모임을 했다. 서로 어떻게 살고 있는지, 어떤 농사를 짓는지 이야기하며 하룻밤을 보냈다. 농부들과 만날 기회가 별로 없던 우리에게는 낯설면서도 신기한 시간이었다. 몇 년이 지난 요즘은 꽃비원과 우리, 인천에서 귤현동 분해정원을 하고 있는 아름, 이렇게 셋으로 이루어진 작은 모임으로 남아 좀 더 끈끈한 관계를 이어가고 있다.

2020년에는 풀풀농장, 꽃비원, 종합재미농장이 함께 풀꽃잼 꾸러미를 만들었다. 꽃비원에서 나서서 작은 농가를 모아 함께 보내는 부정기 꾸러미를 기획한 것인데, 서로 다른 생산물을 함께 보내는 기획이 재미있었는지 많은 관심을 받았다. 거리가 멀어 일을 많이 나누지 못했는데, 포스터를 만들고 꾸러미 신청을 받아 최종 취합해 택배를 보내는 일까지 꽃비원에서 많은 부분을 맡아 주었다. 근처에 산다면 함께 여러 일을 시도해 볼 수 있었을 텐데, 거리가 주는 안타까움이 컸다. 농사를 시작한 후로는 처음부터 끝까지 우리 손으로 우리가 책임지고 해야만 일이 되는 경우가 대부분이었다. 하지만 풀꽃잼 꾸러미는 손을 내밀어 준 주변 농부들 덕분에 일이 술술 풀리는, 흔치 않은 경험이었다.

꽃비원이 보여 주는 다양한 행보는 우리 같은 작은 농가에 큰 힘을 준다. 꾸러미, 홈앤키친, 농장을 활용한 다양한 체험 프로그램과 협업, 지역에서 사람들과 함께 시장을 만들고 꾸려 가는 일 등, 꽃비원은 농부라면 이래야지, 하는 고정관념이 떠오르지 않게, 농부니까 이런 것들도 가능하구나, 하고 깨닫게 해 준다. 우리가 자리를 잡고, 농사를 짓고, 마르쉐@에 출점한 후로는 더더욱 많이 배우고 있다. 우리에게 새로움뿐만 아니라 깊이와 단단함으로도 놀라움을 안겨 주는 꽃비원. 소농 선배로 동지로 함께 걸어가고 있다는 사실이 자랑스럽고 감사하다.

소농 모임과 꾸러미를 매개로 계속 만나고 있는 아롬은 인천에서 귤현동 분해정원 공동체를 꾸리고 있다. 분해정원은 도시에서 발생한 음식물 쓰레기를 스스로 분해해 처리하고 싶은 도시 생활자가 모인 공동체로 각 가정에서 발생한 음식물 쓰레기와 유기질 쓰레기를 모아 발효시켜 만든 퇴비로 마을 화단을 만들고 가꾸는 활동을 하는 단체다. '도시에 사는 소비자'라는 정체성을 분명히 인지하고 쓰레기를 줄이는 순환의 고리에 속하기 위해 아롬이 기울이는 노력은 알면 알수록 놀랍다. 우리가 도시 생활의 한계를 삶터를 이동하고 농사를 지어 해결하려 했다면 아롬은 도시에서 이어 나가는 삶 속에서 문제를 해결하기 위해 다른 사람들과 함께하는 공동체를 만들었다. 나 자신의 삶을 바꾸는 것이 아니라 내가 바꾸길 원하는 것을 다른 사람들과 함께하는 활동으로 만들기 위해 얼마나 많은 노력이 필요할까. 그 에너지와 아이디어에 언제나 감탄하고 자극받는다.

물리적 거리와 상관없이 마음의 거리가 가까운 사람들에게서 받는 놀라운 에너지도 있지만 거리가 가까워서 주고받는 에너지도 있다. 비슷한 시기에 비슷한 지역에 자리를 잡은 자란다팜은 양평소농모임을 만들자고 이야기를 하며 종종 만나고 있다. 다품종 소량 생산이라는 비슷한 농사 방식 덕분에 씨앗을 나누기도 하고 조언을 듣기도 하는 든든한 선배 농부다. 무심한 듯 보이지만 따뜻한 배려를 종종 느끼며 우리가 배우고 싶어 하는 어른의 모습이 이런 것인지도 모르겠다는 생각도 한다. 감사한 일이다.

근처에 비슷한 또래 사람들은 거의 없지만 비슷한 고민을 하는 선배 농부가 있어 참 든든하다. 우리가 이곳으로 이사 오며 인연을 맺은 '별총총 달휘영청 소뿔농장'은 걸어서 5분 거리에 있다. 생명역동농법 biodynamic, 루돌프 슈타이너의 인지학에 바탕을 둔 농법으로, 식물은 땅에서 생명을 얻고, 생명이 깃든 식물을 섭취해 사람을 치유한다는 철학을 바탕으로 삼는다으로 농사짓는 곳인데, 유기농 딸기 외에도 여러 가지 제철 채소를 키우며 회원을 대상으로 꾸러미를 보내고 있다. 소뿔농장 덕분에 유기농 인증 농가의 현실을 옆에서 지켜보고 농업의 현실을 더 자세히 알게 되었다.

산책길에 오가며 들러 차 한잔 얻어 마시기도 하고, 가끔은 술잔을 기울이며 마을살이 이야기도 나누곤 한다. 사실 어느 겨울 같이 술 한잔하며 등을 떠밀어 주어서 이 원고를 시작할 수 있었다. 급하게 집을 비울 일이 생기면 도움을 요청할 수도 있어 항상 고맙다. 동네에 비슷한 방식을 지향하는 귀농인이나 친환경 농업을 하는 사람이 많다면 오다가다 아는 사람도 만날 수 있고 교류가 좀 더 많을 테지만 상업농을 하는 토박이 농부가 많은 우리 동네에서는 어려운 일이다. 하지만 우리는 작은 인연에도 충분히 감사하고 있다.

농사를 짓겠다고 여러 지역을 둘러볼 때부터 지금 이 순간까지 모두 나열하기 어려울 정도로 많은 사람의 도움을 받았다. 우리와 비슷한 생각으로 비슷한 농사를 짓는 선배들을 보며, 우리의 앞날을 그 위에 덧입혀 보기도 하고, 우리가 마주친 문제의 해결책을 고심해 보기도 했다. 그분들이 만드는 커뮤니티를 둘러보고 농사짓는 방식이나 소통하는 방법 등을 관찰한 후 이를 참고해 조금씩 우리 것을 만들어 갔다. 누군가 이미 비슷한 고민을 해 보았다는 사실이 주는 안도감이 있다. 당장 내게는 막막한 일이지만 누군가에게 물어보고 답을 구할 수 있겠다는 느낌. 그런 작은 관계들이 우리가 이곳에서 계속 농사를 지을 수 있도록 단단히 붙잡아 주는 듯한 느낌이다. 설명하고 설득하지 않아도 날 인정해 주고 이해해 주는 사람은 너무나도 소중하다.

우리도 누군가에게 좋은 추억으로 남았으면

유럽 여행에서 여러 사람을 만나며 우리가 바라는 삶이 무엇인가 참 많이 생각했다. 일상에서 벗어나 내 삶을 조금 떨어져 바라보니 한국에서 살 때는 하루하루 열심히 살기는 했지만 미래를 생각하면 막연히 불안감을 느꼈던 것 같다. 혼자 내 삶을 책임져야 한다는 부담감에 일을 쉬는 것도, 다른 방식의 삶을 그려 보는 것도 어려웠다. 여행하면서도 여행이 끝난 후의 삶을 생각할 때면 당장의 수입이 걱정되어 '돌아오면 ○○에서 같이 일해 보자고 했어.', '어떤 알바를 해볼까?', '내가 편의점 알바를 할 수 있을까?' 같은 생각을 했다. 그래도 몇 달간 여행하며 다양한 삶의 모습을 만났고, 그 과정에서 내 안의 불안감과 마주하고 나서야 조금 내려놓을 수 있었다. 6개월 정도 지났을까. 여행이 끝날 즈음이 되어서야 '돌아가서 일을 바로 찾지 말고 무슨 일을 하고 싶은지 생각해 보자'라고 결심할 수 있었다.

그렇게 만난 사람들과 좋은 추억을 만들고 그들에게 큰 에너지를 받았다. 우리가 바라는 미래의 모습이랄까, 그들의 삶에 우리의 모습을 덧씌워 그려 볼 수 있을 것 같은 사람도 여럿 만났다. 양평에 정착하면서 우리도 그간 만나 온 사람들처럼 다른 사람들에게 좋은 에너지를 줄 수 있으면 좋겠다는 생각을 했다. 이런 에너지를 마구마구 발산하고 있어서였을까. 농사 2년 차에는 유난히 사람 만날 일이 많이 생겼다.

땅을 소유하지 않는 농부, 우프

우프WWOOF는 World Wide Opportunities on Organic Farms의 줄임말로, 직역하면 '유기농을 하는 농가에서 지낼 수 있는 기회'다. 자발적으로 유기농 농가를 체험해 보고 싶은 사람과 그런 사람과 교류하고 싶은 농부를 위한 문화 교류 프로그램이라 할 수 있다. 농가를 방문해서 일을 하고 숙식을 제공받는 자원봉사자는 우퍼WWOOFer라 부르며, 도움을 받고 숙식을 제공하는 유기농 농가는 호스트host라 부른다. 우프는 우퍼와 호스트 간 금전 거래 없이 진행된다. 호스트가 제공하는 숙식과 농가의 일상이 우퍼의 노동력과 교환되는 셈이다. 호스트 농가는 방문하는 사람을 맞이하고, 그들과 함께 일을 하고 일상을 나눈다. 방문하는 우퍼는 농사일과 시골살이를 해 보고 지역 사람들의 문화와 일상적인 음식을 경험할 수 있다. 이렇게 농가에서 우퍼로 지내는 것을 우핑WWOOFing이라 한다.

양평에서 첫해를 지내며 우프 호스트가 되는 일에 관해 둘이 많은 이야기를 나누었다. 겨울 농한기에 한국 우프 홈페이지에 들어가 호스트를 신청하고 면접을 보았다. 우프 사무국에서 집을 방문해 우리 농사 방식에 관한 이야기를 나누고 우퍼가 지낼 공간을 확인하고 갔다. 다행히 면접에 통과하고 호스트가 되었는데, 호스트를 신청할 때의 거창한 마음은 다 어디 갔는지 막상 봄이 되고 첫 우퍼를 받으려니 두려움이 앞섰다.

모르는 사람과 2~3주간 문제없이 지낼 수 있을까? 공유할 수 있는 공간과 아닌 공간은 어떻게 구분할까? 우퍼가 와서 지내기에 우리 집이 불편하지는 않을까? 말은 잘 통할까? 음식은 어떻게 해야 하지?

나는 그러지 않아도 걱정이 많은 사람인데, 호스트는 새로운 경험이다 보니 고민과 걱정이 줄지어 떠올랐다. 우퍼로 여행 다닐 때는 미리 농장의 규모나 위치, 대강의 농사 형태까지 소개 글을 보고 판단한 후 골라서 갈 수 있었다. 그래서 다른 사람의 공간에 들어가니 잘 배우고 적응해야겠다 정도의 마음가짐만 가지고 있었다. 우핑을 경험해 보았기 때문에 호스트의 역할을 더 잘할 수 있다고 생각했는데, 내 공간에 다른 이를 받아들이는 호스트의 마음은 우퍼의 입장과는 또 달랐다. 우리가 만난 호스트들은 어떻게 우리를 받아 준 것일까 생각하며 그들을 다시 떠올려 보았다.

아직까지 서로를 떠올리며 가끔 연락하곤 하는 우리의 첫 호스트 힐러리와 제프. 영국식 영어를 어색해하는 우리에게 대화하는 내내 불편한 내색 없이 알아들을 때까지 반복해서 이야기해 주고 우리 말을 끝까지 기다려 주었다. 덕분에 느린 속도지만 다양한 이야기를 나눌 수 있었다. 동양의 젊은이들이 무엇에 관심을 두고 자신들과 어떤 이야기를 나눌 수 있을까, 궁금해하는 모습도 신선했다. 집을 비우는 주말에는 아예 우리에게 집을 맡기고 나갔던 호스트 두 분의 한없는 신뢰가 낯선 공간에서 쪼그라든 자존감을 얼마나 북돋아 주었는지. 이런저런 걱정으로 움츠러들기는 했지만 우리도 앞으로 우리를 만나러 오는 사람들에게 신뢰와 기분 좋은 에너지를 주고 싶었다.

그렇게 긴 고민 끝에 만난 첫 우퍼는 그래서 더 각별했다. 더군

다나 여러 농장에서 우핑을 해 보고, 농사나 환경문제 등에 관해 비슷한 고민을 하는 사람이 첫 우퍼여서 더 좋은 시간을 보낼 수 있었다. 우퍼로 오는 사람에게 좋은 추억을 만들어 주겠다고 결심했지만, 그것이 우리에게도 좋은 추억이 될 것이라는 점은 생각하지 못했다. 3주간 함께 보낸 첫 우퍼 재성 씨는 그 후 우리 집을 1년에 한 번 정도 꾸준히 방문하고 있다.

우퍼를 몇 명 경험하고 난 후 조금씩 변화가 생겼다. 우퍼가 머무는 기간을 좀 줄이고, 손님방 문을 열어 둘 수 있게 가리개도 만들어 달고, 화장실에는 사용 안내문도 붙였다. 매주 금요일 오후는 청소하는 날로 정해 함께 집을 정리하고, 쉬는 날이면 주변 관광지를 찾아 같이 시간을 보내기도 했다.

가끔 둘이서 자전거를 타고 집 근처 남한강변에 가곤 하는데, 신범이 우퍼로 오는 사람들도 함께 가면 좋겠다는 이야기를 했다. 그렇다면 우리 자전거에 더해 우퍼가 탈 자전거도 있어야 할 텐데 자전거를 새로 사는 건 솔직히 부담스러웠다. 신범이 SNS에 '타지는 않지만 버리기에는 아까운 계륵 같은 자전거'를 기부해 달라고 올려서 기분 좋게 응답해 준 친구들의 협찬으로 쓸만한 자전거를 석 대 들여놓을 수 있었다. 그 자전거들은 몇 년 동안 방문한 우퍼들이 때때로 즐겁게 사용하고 있다.

지금까지 만난 우퍼는 6년 동안 52명. 꽤 많은 숫자가 되었다. 어떻게 보면 단 며칠을 함께 보내는 사람들이라 모두가 기억나지는 않는다. 하지만 그중에서 특별한 기억으로 남는 사람들이 있다.

우프 호스트를 하게 된 첫해, 초여름 무렵 우퍼 두 명이 일주일

정도 머문 적이 있다. 한국 여행이 끝나고 호주로 돌아가면 농사를 지으려는 사람들이었다. 둘 중 한 친구는 작업 중에도 궁금증이 생기거나 자기 의견이 있으면 거침없이 이야기하는 편이었는데, 우리 농사를 경험하고 이해하려는 열정도 가득했고 농사일이 끝난 저녁에는 본인이 하고자 하는 농법을 열심히 공부했다. 우리와 그들 모두 농사를 짓고 싶다는 마음이 있으니 농사 방식이나 토양 등에 관해 대화를 자주 나누었고, 때때로 여러 농사 방식을 알려 주기도 했다. 우리가 모르는 친환경 농사 방식에 관한 이야기를 듣는 것이 재미있어서 열심히 대화를 나누곤 했는데, 하루는 "나는 친환경적인 방식으로 키운 좋은 농산물을 더 많은 사람이 만날 수 있게 하고 싶다. 그래서 농사를 지으려고 한다"며 굳이 수확이 적은 농사 방식을 지속하는 이유가 있냐고 물었다.

잠시 고민한 끝에 좋은 농산물을 더 많이 수확하는 것보다 나처럼 소규모 농사를 짓는 농부들이 더 많아지길 바란다고 대답했다. 그 우퍼는 너희처럼 생각해 본 적은 없다며 신범과 내가 농사짓는 방식 때문에 수확이 너무 저은 것을 무척이나 안타까워했지만 서로의 다름을 인정했다. 당황스러운 질문이기도 했지만 이 대화 덕분에 내가 농사를 지으며 바라는 것이 무엇인지 좀 더 분명해졌다.

통계수치만 봐도, 아니 농민과 농촌 관련 신문 기사 몇 개만 읽어도 우리나라의 농민 수가 줄어들고 있으며, 농업은 대규모 시설 농업으로 나아가고 있다는 사실을 알 수 있다. 기계와 시설, 화석연료를 사용해 한 사람이 농사짓는 땅의 규모와 수확하는 농작물의 양은 기하급수적으로 늘어나는 추세다. 어쩌면 그것은 돌이킬 수 없는 사회의 흐름일 테지만, 나는 '작은 농부'들이 많아져 여러 곳에서 농사를 짓고 살았으면 좋겠다. 소수의 농부가 먹여 살리는 다수의 사람은 농작물이 어떻게 자라고 그것이 자라면서 이 지구에 어떤 영향을 끼치는지, 그리고 자기들을 먹여 살리는 농부의 삶과 땅이 어떤 상태인지, 이 세상을 향한 관심을 잃어 가고 있다. 비가 오든 태풍이 불든 마트에는 항상 먹을거리가 있고, 자신의 삶터와 농지가 동떨어져 눈에 보이지 않으니 더 무관심해질 수밖에 없다.

숲속이든, 바닷속이든 자연에서는 다양한 동식물이 자라 생물다양성이 유지되어야 이런저런 충격에도 잘 버틸 수 있고 건강한 상태가 더 잘 유지된다고 한다. 우리가 우퍼을 하며 만난 힐러리는 일부러 토마토를 여러 종류 심었다. 해마다 기후가 어떻게 변할지 모르니 다양한 조건에서 성장하는 여러 종류의 토마토를 심어야 어떤 상황에서든 토마토를 못 먹는 일이 발생하지 않는다는 것이었다.

우리 사회도 마찬가지라는 생각이다. 열 명 중 한 명이 나머지를 먹여 살리기보다 세 명이, 네 명이, 다섯 명이 농사를 지을 때 기후 위기든, 식량 안보가 문제 되는 상황이든, 무슨 일이 일어나도 문제가 커지지 않고 열 명이 버텨 낼 수 있지 않을까. 더 많은 농부가 소비자와 직접적으로 관계를 맺고 서로의 얼굴을 알고 서로 영향을 주고받을 수 있다면 좀 더 안전하고 지속 가능한 사회가 되지 않을까. 또 지역 소멸 위기가 문제인데 여러 사람이 자신과 가족이 먹고 살 정도로 소규모 농사를 지으며 지역에 정착할 수 있다면, 그런 농부들이 많아진다면 그것이 지역을 유지하는 방법이 되지 않을까, 하는 생각도 든다.

또 유난히 기억에 남는 우퍼 중 한 명은 우프 호스트가 된 첫해에 만난 욜란타다. 욜란타는 한국에서 오랫동안 우핑을 해서 우리보다 더 많은 농부를 만난 우퍼였다. 자기 몸 크기만 한 배낭을 메고 와서는 우리 밭의 풍경을 우리보다 더 아름답게 찍어 주는 친구였다. 나도 미처 발견하지 못했던 아름다움을 욜란타 덕분에 누릴 수 있었다. 사진을 찍고, 그림을 그리고, 사람들과 관계 맺는 것을 두려워하지 않는 욜란타를 보며 내 삶을 보다 넓게 상상할 수 있게 되었다.

샬럿도 빼놓을 수 없다. 일단 샬럿은 한국말을 유창하게 해서 많은 대화를 나눌 수 있었다. 농업을 전공하는 샬럿은 농사일 자체를 사랑하는 사람이라 밭에서 자기 속도로 일하는 걸 좋아했다. 하루는 우리가 일이 있어 집을 비우게 되었는데 편히 있으라는 우리의 말에도 혼자 슬슬 풀베기를 했다고 이야기했다. 그날은 봄비가 부슬부슬 내리는 날이었는데, 지나가던 동네 어르신이 밭이 있는 샬럿에게 왜 비를 맞고 일을 하냐고 물어보았다고 한다. 샬럿은 비 맞으며 일하는 걸 좋아한다고 대답했다는데, 그 이야기를 들으며 나도 '비도 오는데 그냥 들어가서 쉬지'라고 생각하다가 순간 당황했다. 나도 샬럿을 내 틀에 맞추어 바라보고 있다는 사실을 깨달았기 때문이다. 어르신이 그 마음을 이해했을까. '농사일'을 '일'로 생각하면 굳이 비를 맞으면서까지 하고 싶지 않겠지만, 내가 '좋아하는 일'을 하기 위해서는 비가 문제가 되지 않는다는 걸, 오히려 비 오는 날 좋아하는 일을 한 것일 뿐이라는 샬럿의 마음을. 힘든 일을 억지로 하는 게 아니라는 듯 푸념도 불평도 하지 않고 즐겁게 일했던 샬럿. 설렁설렁 일하고 싶을 때면 샬럿의 차분함과 꼼꼼함을 떠올리곤 한다.

여러 번 다시 만난 우퍼들은 조금 더 가까워져 친구가 되곤 하는데, 최근에는 꾸러미 식구가 된 우퍼도 있다. 자연농이 궁금해 한국에 왔다는 메일을 읽고 만나게 된 샌디와 영삼은 친환경적인 삶과 한국 문화에 관심이 많았다. 우리 집에 머무는 동안 각자의 삶에 관한 이야기도 많이 나누었고, 시기가 맞아 함께 지구학교도 가 보았다. 그렇게 몇 달간 한국에 있다가 미국으로 돌아갔는데, 다음 해에 다시 한국에 와서 지금은 한옥 대목장 일과 여러 가지 공부를 하고 있다. 한국으로 돌아왔다는 연락을 받고 오랜만에 출점한 마르쉐@성수에서 인사를 나누었다. 서로의 안부를 묻고 대화하다가 둘은 종합재미 꾸러미를 신청했다. 우리가 어떻게 농사일을 하고 작물을 키우는지 아는 사람에게 꾸러미를 판매하면 우리가 어떤 마음으로 농사짓는지를 알아 준다는 생각에 마음이 따뜻해진다.

몇 년간의 시간이 쌓이고 이제는 조금 익숙해졌지만 새로운 사람을 만나는 건 언제나 쉬운 일은 아니다. 우퍼가 처음 오는 날에는 항상 긴장한다. 나를 열어 보이고 남을 이해하는 데는 많은 에너지가 필요하다. 우퍼가 오기 전에 가리는 음식이 있는지, 채식을 하는지 등을 확인한 후 미리 음식을 준비하고, 날씨가 춥거나 더울 때는 지내기 불편하지 않을까 걱정도 된다. 일이 많을 때는 일손을 도와주는 사람이 온 것이 기쁘지만 바쁜 만큼 신경 써 주지 못할까 봐 부담스럽기도 하다. 대부분의 우퍼는 농사일이 처음이라 서투르지만 가끔은 정말로 일을 잘하는 사람들이 와서 깜짝 놀라기도 한다. 반면 농사일에 감이 없는 사람들이 오기도 하는데, 그럴 때는 의사소통에 평소보다 조금 더 신경 써야 한다. 우프 호스트를 신청할 때 사무국에서 우퍼를 온전히 일손으로만 보면 안 되지만 손님으로만 봐도 힘들다고 한 이유를 알 것 같다. 서로가 서로에게 도움이 되는 관계를 만들고 균형을 유지하는 일은 하면 할수록 어렵다.

예전에는 가볍게 여행하며 한국의 문화가 궁금해서 우핑을 하는 사람들이 반, 농촌의 삶이나 농사에 관심이 있는 사람들이 반 정도였다면, 코로나19로 사회적 분위기가 바뀌며 우퍼로 여행을 다니는 사람들도 조금은 바뀌었다. 사회의 많은 부분이 멈추면서 삶의 전환을 실질적으로 고민하는 사람들이 더 많아진 느낌이랄까. 나는 우핑을 하면서 시골살이를 미리 경험해 보는 것은 매우 현명한 준비라고 생각한다. 실제로 우리에게 시골살이를 고민하며 무엇을 준비하면 좋은지 물어보는 사람들에게 우핑을 하면서 실제 농촌의 삶을 경험해 보라고 대답한다. 우핑에 참여해 주 5일 직장에 나가는 것처럼 정해 놓은 시간 동안 농사일을 해 보면서 체력적으로 감당할 수 있는 수준을 점검해 볼 수도 있고, 좀 오래 머물며 지역에서 보내는 삶을 예상해 볼 수도 있다.

요즘은 우리가 이주할 때보다 농촌의 삶에 다가갈 방법이 많이 생겨서 우핑 말고도 다양한 방식으로 시골살이를 체험해 볼 수 있다. 조금만 찾아보면 지자체에서 농촌 한 달 살기 혹은 농사인턴 제도 같은 장기적인 농촌 체험 프로그램을 많이 운영하고 있다. 청년을 대상으로 농사 교육과 연계해 몇 달 혹은 1년짜리 프로그램을 운영하는 곳도 있으니 본인에게 맞는 곳을 잘 찾아보길 바란다. 우핑과 지자체의 프로그램은 의도도 방식도 매우 다르지만 시골살이를 고민한다면 어떤 방식이든 한번 체험해 보길 권하고 싶다. 부디 다양한 경험을 하며 많은 사람을 만나는 기회로 삼았으면 한다.

처음 엄마에게 우프를 설명했을 때 엄마는 잘 이해하지 못했다. "방도 내주고, 밥도 해 주고, 그래서 얼마 받니?" 엄마의 첫 반응이었다. 우리 집에 왔던 한 우퍼는 여행 중 만난 사람에게 우핑을 설명했더니 농가에 가서 하루에 여섯 시간 정도 일을 하는데 그럼 돈은 얼마 받냐고 물어보더라며 웃었다. 우프 이야기를 하다 보면 남의 집에 가서 돈이 안 되는 일을 해 준다니 신기하다, 아니면 아예 모르는 낯선 사람을 집에 들이다니 대단하다는 말을 종종 듣게 된다. 우핑은 서로에게 필요한 것을 교환하고 그래서 실제적인 도움이 되기도 하지만 그것만이 전부는 아니다. '돈'을 매개로 하지 않고 서로에게 최선을 다해 도움이 되길 바라는 선의의 만남은 그 자체로 충분히 의미가 있기에 앞으로도 우프로 사람을 만날 예정이다.

나는 우리가 엄청나게 대단한 일을 하고 있다고는 생각하지 않는다. 그저 우리가 이런 방식의 삶을 살아 내는 일이 시골에서 농사를 짓는 삶에 관심 있는 다른 사람들에게 자극과 용기를 줄 수 있기를 바랄 뿐이다. 우리가 선배 귀농인들을 바라보며 우리의 가능성을 점쳐 온 것처럼 말이다.

하지만 가끔 생각한다. 어쩌면 우리는 이렇게 돈이 안 되는 방법만 찾아다니는 것일까.

각자의 삶에서 서로를 마주하는 자리, 마르쉐@농가행

우프를 시작할 즈음 또 다른 만남의 기회가 생겼다. 우리가 출점하고 있는 농부시장 마르쉐@에서 '농가행'이라는 프로그램을 함께 운영해 보자고 연락이 왔다. 마르쉐@의 표현을 빌자면 농가행은 '농부의 삶의 터전에서 농農을 만나는 여행'이라고 한다. 풀어서 이야기하면 농부의 공간에 사람들이 직접 찾아가서 농사일도 도우며 농사와 삶에 관한 이야기를 나누는 프로그램이라 할 수 있겠다. 우리도 양평에 내려오기 전 홍성의 풀풀농장에서 하는 자연 재배 벼농사 농가행에 참여했다. 이 과정을 경험하며 몸을 쓰는 노동이 얼마나 힘든지 절실하게 느꼈고, 기계를 쓸 수밖에 없는 농부들의 현실에도 깊이 공감했다.

마르쉐@가 의도한 농가행은 시골살이에 관심 있는 사람들이 모여 1년 동안 두 달에 한 번 만나 함께 밭일을 하며 '농부로 살아갈 수 있을까'라는 질문을 함께 고민해 보는 자리를 만드는 것이었다. 의도는 너무나도 좋았지만 농부라고 불리는 것조차 어색한 2년 차 초보라 누군가에게 밭을 보여 준다는 것이 꽤 부담스러웠다. 마르쉐 친구들은 오히려 우리가 초보이기에 농사짓는 삶을 그려 보는 사람들에게 가까운 미래의 현실적인 모습으로 다가갈 수 있을 것이라 했다. 만약 청년 세대의 도시 생활자가 시골에 내려가 살기를 선택한다면 바로 마주칠 수 있는 고민과 문제를 나와 신범이 지금 겪고 있을 것이라고.

그런 의미에서라면 지금 여기에서 우리의 고군분투를 보여 주는 것으로도 충분히 생각할 여지를 줄 수 있지 않을까 하는 마음에 함께하기로 했다. 어차피 삶에는 정답이 없고, 우리는 정답대로 사는 사람들이 아니니 말이다.

4월, 6월, 8월, 10월, 11월, 이렇게 다섯 번의 농가행에 참여하며 참가자들과 일도 함께했지만 고민을 나누는 시간이 더 많았던 것 같다. 첫 모임에서는 우리 농사법을 함께 고민하고 밭에 자리 잡은 풀들을 소개했다. 밭 주변 나무 이름도 알아보고 함께 완두를 심었다. 6월 농가행에서는 지난번에 함께 심은 토마토가 서리를 맞아 고생하다가 겨우 되살아나고 있는 모습을 만나기도 했고, 집 뒤란에서 자라는 콩알만 한 노지 딸기도 맛보았다. 8월에는 더운 날씨에 맞추어 1박 2일로 내려온 이들과 저녁에는 술을 마시며 함께 대화를 나누고 아침 일찍 고구마를 심은 곳에서 풀베기를 했다. 10월에는 고구마를 수확하고 고구마 줄기를 벗기며 옛날 노래를 함께 들었다. 마지막 모임인 11월 농가행에서는 밭농사의 뒷정리인 지줏대를 철거하고, 밭 가장자리 산수유나무에서 열매를 따고, 각자 준비해 온 재료를 모아 냄비 요리를 만들어 먹으며 지난 1년의 감상을 나누었다. 계절에 따라 변화하는 농장의 풍경, 씨앗부터 열매까지 작물이 자라는 모습을 직접 보고 그 안에서 사람을 만나는 시간이 좋았다는 참가자들의 이야기에 힘을 얻었다.

처음에 열 명이 넘는 사람들이 집에 와 함께 밥을 먹는다는 계획에 당황하기도 했으나, 마르쉐 친구들과 머리를 맞대고 해결책을 찾아냈다. 부모님 부엌 찬장에 오래 잠들어 있던 접시를 얻어 오고 참가자들에게는 각자 수저와 나누어 먹을 반찬 한 가지를 챙겨 오도록 부탁했다. 밥과 국만 준비했는데도 식사는 너무나 풍족했다.

'우리가 농부로 살 수 있을까'라는 고민에 '우리가 농부와 함께 살아갈 수 있을까'라는 질문으로 답을 해 주는 신기한 사람들. 각자의 영역에서 농부와 함께하는 삶을 가능하게 하려면 어떻게 해야 할지 고민하는 모습이 '작은 농부'로 살아가는 데 힘을 보태 주었다. 그렇게 만나게 된 사람 중에는 이후에도 간간이 얼굴을 본 사람도 있지만, 시간이 지나니 얕은 인연은 또 흩어지게 된다. 다만 농가행 경험이, 농부를 만났던 시간이 참가자들 마음에 긍정적인 기억으로 남기만 바랄 뿐이다.

비슷한 사람을 만나고 싶어, 지구학교

2년 정도 책을 읽고 둘이 공부하며 농사를 짓다 보니 우리와 비슷한 마음으로 농사짓는 사람을 만나 보고 싶었다. 사람들을 만나 이야기할 때도 특이한 농사를 짓는 사람으로 결론이 나거나, 결국은 돈이 되지 않는다는 반응이 돌아오는 것도 우리를 약간 지치게 했다.

"수확이 너무 적지 않냐", "돈이 안 되지 않냐"라는 말을 들으면 그렇다고 대답할 수밖에 없다. 그게 진실이다. 그렇지만 농사를 지으며 얻는 것이 돈뿐만이 아니기 때문에 이런 질문의 답으로는 담을 수 없는 많은 것이 있다고 생각한다.

자연농, 자연 재배, 자연 농업 등 유기농이라는 말로 아우를 수 없는 여러 농법을 이야기할 때 사용하는 단어는 정의도 분명하지 않고 혼용되기도 한다. 같은 단어로 표현했지만 그 안에는 서로 다른 여러 형태가 담겨 있기도 해 무엇이 자연농인지, 우리의 방식이 맞는 건지 좀 더 배우고 싶은 마음도 들었다.

그런 고민 끝에 자연농을 배울 수 있는 학교인 '지구학교'를 찾게 되었다. 강원도 홍천에서 진행하는 지구학교는 3월에 밀과 보리 파종부터 시작해 모내기, 벼 베기와 탈곡까지 1년 동안 논농사와 밭농사를 함께한다. 이곳에서는 서로를 인간의 이름이 아닌 자연물의 이름으로 새로 지어 부른다. 개구리, 토끼, 까마귀, 메뚜기. 동물이나 곤충이 되는 사람도 있고 풀이나 나무가 되는 사람도 있었다. 나는 저절로 밭에서 자라 우리에게 큰 즐거움이 되어 준, 쌉싸래한 맛이 그득한 봄나물인 씀바귀를 골랐다. 신범은 바랭이로 이름을 정했다. 바랭이는 대다수 농부가 질색하며 싫어하는 잡초로 생명력이 아주 강해 아무리 뽑아내도 웬만해서는 없어지지 않는다. 먹을 수도 없고 사람들이 좋아하지도 않는 잡초를 왜 이름으로 정했냐고 물어보니 신범은 단단한 흙 속에 뿌리를 뻗어 균열을 만들어 내는 바랭이처럼, 끈질기게 생명을 유지하는 바랭이처럼 우리가 하고자 하는 농사를 끈질기게 이어 나가고 싶다는 생각을 담았다고 했다. '먹을 수 있어! 좋아!'라는 마음으로 씀바귀를 고른 나의 마음이 가볍게 느껴지는 순간이었다.

첫 시간이었나. 지구학교 선생님인 개구리가 한 말이 기억에 남는다. 지구는 대기권으로 둘러싸인 닫힌 생태계다. 쉽게 표현하자면 유리 대신 공기로 둘러싸인 어항 같은 곳에 살고 있는데, 쓰레기들은 다른 곳에 옮겨져 내 눈에 보이지는 않아도 결국 어항 안에 우리와 함께 들어 있다고. 갑자기 어항에 가득한 깨끗한 물속에 물감이 번지는 풍경이 떠올랐다. 약간의 물감은 투명함에 큰 영향을 주지 않겠지만 양이 점점 많아진다면…. 그 후에 일어날 일은 너무나 분명했다. 자연과 함께하는 이 길밖에 없노라고 담담하게 말씀하시던 모습이 머릿속에 콕 박혔다.

처음 만난 지구학교의 밭은 오랜 시간 풀과 작물 잔여물을 땅에 되돌려 왔기에 그것들이 켜켜이 쌓여 폭신폭신했다. 두둑과 고랑의 모양이 정해져 있지 않은 평평한 밭에서 삼각 괭이로 풀을 정리하고 보리와 밀을 파종했다. 씨앗을 뿌린 곳을 삼각 괭이로 툭툭 누르듯이 두드려 씨앗이 바닥으로 떨어져 땅과 만날 수 있도록 해 주었다. 그다음에는 자리를 옮겨 겨울을 지낸 대파의 봄맞이를 도와주었다. 개구리는 밭 한편에 겨울 추위도 이겨 내는 대파 종류를 심어 두었다. 겨울을 지나며 푸르던 잎들은 바싹 말라 버렸지만 뿌리는 살아 있어 날이 따뜻해지니 마른 잎 가운데에서 새잎이 나기 시작했다. 묵은 잎이 새로 올라오는 어린잎을 감싸고 있는 모양새인데, 미처 벌어지지 않은 마른 잎이 오히려 어린잎의 생장을 방해하고 있었다. 멀쩡한 것들은 놔두고 마른 잎에 싸여 크게 자라지 못하고 그 안에서 지그재그 모양으로 접혀 있는 어린잎을 찾아 껍질같이 얇게 마른 묵은 잎을 뜯어냈다. 이 작업을 개구리는 '시중을 든다'고 표현했다. 우리는 그저 자연의 시중을 들고 주는 대로 받는 삶을 살아갈 뿐이라는 이야기였다. 그다음은 대파 옆 마른 잎과 가지가 덮여 있는 땅에 씨앗 넣을 구멍을 내어 완두를 심었다. 그렇게 하루가 마무리되었다.

하나하나 배워 가며 우리와 비슷한 방식일 때는 안도하고 즐거워하기도 하고, 나도 이렇게 한다고 잘난 척하고 싶은 마음도 들었다. 비슷한 농사일은 평소에도 하지만, 하루 종일 설명을 듣고 집중해서 일하다 보면 너무 피곤하고 힘들어서 다음 달 지구학교에 가기 전날에는 신범에게 "가기 싫어. 나 조금만 일할래"라고 중얼거리곤 했다. 그래 놓고는 시키면 시키는 대로 열심히 하고, 가르쳐 준 대로 잘되면 신이 나서 몸 상태고 피곤이고 잊어버리고 힘이 소진될 때까지 일했다. 나, 정말 단순하다.

추위가 살짝 가신 초봄의 밭에 밀과 보리를 뿌린 게 얼마 전인 것 같은데, 봄이 오니 새싹이 쑥 올라왔다. 무릎을 꿇고 어린 보리와 밀 사이에 난 풀들을 정리해 주었다. 풀과 함께 키운다고는 하지만 수확을 위해서는 어릴 때 작물이 잘 성장할 수 있도록 풀 관리를 꼼꼼히 해 준다. 몇 번이나 갔을까. 어느새 더운 여름의 초입에 밀보리를 수확하게 되었다. 밑동을 낫으로 베어 차곡차곡 쌓는다. 어느 정도 쌓이면 양손에 한 움큼씩 그러쥐고 묶음을 만든다. 두 덩이를 잘 그러잡고 중간을 겹쳐 X자로 만들어 겹쳐진 부분을 묶은 후 건조대에 걸쳐 널었다. 한 줌, 두 줌 솜씨 좋게 그러모아 묶고 싶었는데 현실은 삐뚤빼뚤. 균형이 맞지 않아 건조대에 올라간 X자 묶음이 한쪽으로 기울어져 있었다.

    못자리에 볍씨를 뿌린 뒤에는 꼼꼼히 풀을 뽑아내며 못자리를 관리했다. 초여름에 하는 모내기는 연중 손에 꼽히는 큰 작업이다. 여럿이 모여 땀을 뻘뻘 흘리며 모내기를 했다. 사람들은 일렬로 서서 준비하고, 양 끝 못줄잡이는 기준을 딱 잡고 막대기를 꽂아 못줄을 쳤다. 못줄의 표시에 맞추어 내 앞에 주어진 공간에 모를 심고, 다들 심었다 생각되면 못줄잡이는 "못줄 넘어가요!"라고 크게 외치며 다음 간격으로 줄을 넘겼다. 모를 심는 사람뿐만 아니라 못자리에서 모를 떼어 내는 사람, 모를 나르는 사람, 손이 느린 사람을 도와주기 위해 자기 것을 다 심고 양옆으로 바삐 움직이는 사람이 뿜어내는 분주한 에너지가 가득한 하루였다. 많은 사람이 함께해도 쉽게 끝나지 않는 농사일을 보며 농사란 무엇인가, 우리는 왜 이런 농사를 지어야 하는지 생각했다. 동시에 그 답을 찾으며 내 마음을 다시 세우는 시간을 갖기도 했다.

    가을 끝 무렵 벼를 벤다. 그러고 나면 밀과 보리처럼 볏단으로 묶어 건조대에 널어 한동안 말린다. 마지막 대망의 탈곡. 발탈곡기에 두 명이 붙어 춤추듯 리듬을 탄다. 둘의 박자가 어긋나면 탈곡기가 신나게 돌지 않아 더 힘이 든다. 옆에서 볏단을 건네주는 사람 두어 명이 붙어 한 움큼씩 나누어 전달한다. 이렇게 넷이 순서를 맞추어 볏단에서 낟알을 떨어 내고, 그 옆에 있는 한 명은 탈곡기로 떨리지 않은 낟알이 붙은 이삭을 모아 도리깨로 떨어 낸다. 다른 이들은 탈곡기 앞에 알알이 떨어진 낟알을 모아 철망에 비벼 까락을 제거하고, 또 누군가는 까락을 제거한 낟알들을 풍구에 넣고 먼지를 날려 쌀 포대에 담는다. 하나하나 사람 손을 거쳐 진행되는 수많은 과정은 할 때마다 힘들고 신기하고 놀랍다.

즐거웠지만 힘들었다. 배우고 있었지만 아는 척하고 싶었다. 쉬고 싶었지만 열심히 일했다. 그렇게 1년이 지났다. 그때그때 작물에 필요한 농사일을 사람들과 함께 배우며 밭에서 키우는 작물과 키우지 않는 작물, 해 본 방법과 해 보지 않은 방법을 배우고 경험할 수 있는 소중한 시간이었다. 전에는 책으로 읽고 실험해 보며 몸에 익혀 온 자연농의 원리를 하나하나 선배 농부의 언어와 몸짓으로 보고 배울 수 있었고, 우리가 해 오던 작업이 제대로 된 것인지 확인받고 발전시킬 수 있는 시간이었다.

1년 과정이 끝난 후에도 해마다 모내기나 탈곡같이 사람 손이 많이 필요한 작업을 할 때면 종종 찾아가 한 손 거들곤 한다. 언젠가 우리에게도 여러 생명이 함께 살아가는 아름다운 논이 생길 날을 꿈꾸며 열심히 경험과 기술을 쌓아 가는 중이다. 지구학교는 자연농에 관심 있는 누구에게라도 추천해 주고 싶은 곳이지만 아쉽게도 코로나19로 몇 년째 쉬어 가는 중이다.

다시 봄을 맞이하며, 사진전

2017년 3월 1일에 이사한 기념으로 2018년 3월 사진전을 열었다. 그 후 해마다 지난 1년을 정리하는 사진전을 연다. 1년을 무사히 보낸 것을 기념하며 지난 1년 동안의 모습을 담은 사진 중 기억에 남는 것들을 골라 인화하고 소개 글을 쓰고 손님방에 붙여 전시한다.

이사한 첫해에는 제법 많은 친구가 시골로 이사한 우리가 어떻게 사는지 보러왔다. 함께 일을 하기도 하고 시골집의 더위와 추위를 같이 느껴 보기도 했다. 1년을 무사히 지내고 보니 한 해 동안 놀러 온 친구들과 함께 찍은 사진이 꽤 많았다. 신범은 우리끼리만 보기 아까우니 사진을 정리해 전시회를 하고 사진 속 친구들을 초대하면 어떨까 하는 의견을 냈다. 그렇게 다시 한번 놀러 오라는 의미로 이사 온 지 1주년 되는 2018년 3월에 한 달간 손님방을 이용해 사진전을 열었다. 사진전 제목은 '반갑다, 친구야'. 다음은 전시회 입구에 붙였던 소개 글이다.

> 2017년 3월 1일 이곳에 왔습니다.
>
> 둘이 만나서 뭣도 모르고 친환경적인 삶이니 먹을거리 자급이니 그런 것에 관심을 가지고 살았습니다. 잘 살고 있었으면서도 삶의 전환을 꿈꾸며 멀리 여행도 다녀오고 백수로 지내며 여기저기 살 궁리를 하면서 다니기도 했습니다. 궁리 끝에 이곳에 와 있습니다. 전세인 것은 똑같지만

서울보다 세 배 넓은 집에 조금 꼼지락거리면 먹을거리를 얻을 땅이 있습니다. 현금은 없어도 매일 배부르니 신기하기만 합니다.

여름에 뜨겁고, 겨울에 차갑고, 고라니는 뛰어다니고, 두더지는 땅을 파고 다니니, 친환경적 삶에 가까워졌습니다. 어쨌든 귀농·귀촌이라는 말은 부담스럽고 그냥 가볍게 이사하는 거라고 별것 아닌 듯 사람들에게 또 우리 스스로에게 이야기해 왔습니다. 하지만 사실은 새로운 공간에서 기존과 다른 생활방식으로 살아간다는 것은 매우 긴장되고 쉽지 않은 일이었습니다.

우여곡절을 거듭하며 재미나게 살았고, 아무렇지 않은 일상의 순간도 사진으로 남아 추억이 되었습니다. 컴퓨터에만 묵혀두기 아까워 꺼내 놓고 오지랖 넓게 여러분에게 보여 드리고 이야기를 나누게 되었습니다.
농사짓는 우리 삶이 언제나 많은 사람을 만날 수 있는 씨앗이 되는 일이기를 바랍니다.

사진 속 친구들과 우리 사진 전시회를 재미있어 하는 새로 사귄 친구들이 3월 한 달 동안 틈틈이 놀러 왔고, 그 사진들이 또 기록으로 남아 다음 해 전시회에 함께할 수 있었다. 첫해에는 그저 이곳에 적응하기 위해 노력했다면 둘째 해부터는 어떻게 살아야 할지 고민이 깊어지기 시작했던 것 같다. 어떤 농사를 지을까, 누구를 만나며 살아갈까 하는 고민을 담은 두 번째 전시회의 이름은 '만남의 씨앗'. 우리의 농사를 이어 가게 해 주는 씨앗을 의미하는 것이기도 하고, 타인과 만나는 우리 일상도 무언가를 키워 내는 씨앗이 되길 바라는 마음이기도 했다.

2019년 3월 1일, 이곳에서 2년을 살았습니다.

지금 이 자리가 마련될 수 있었던 것은 전세 계약이 연장되었기 때문입니다. 우리가 꿈꾸던 지속 가능한 삶이 2년마다 전세 계약을 지속하는 것은 아닙니다만, 정해진 기한이 있을지라도 이곳에서 많은 사람과 만남을 지속할 기회를 만들고 싶은 것은 분명합니다.

다시 2년의 삶을 시작하며 지난 2년간 이곳에서 만나 우리의 삶을 풍성하게 해 준 사람들을 떠올려 봅니다.

묻지도 따지지도 않고 일손을 돕기 위해 온 친구들, 우리 삶이 궁금해 진심을 담아 연락하고 처음 찾아온 손님, 우리의 과거와 그들의 현재를 나눌 수 있는 우프 여행자, 시골살이라는 주제로 휴식 같은 대화를 나눈 마르쉐 친구들과 농가행 참가자 모두 고맙습니다.

이처럼 많은 사람을 기억하며 매우 조촐한 사진전을 열어 봅니다. 올해부터는 다시 안 올까 걱정되어서 그러는 건 아닙니다.

우리의 농사짓는 삶이 언제나 많은 사람을 만날 수 있는 씨앗이 되는 일이기를 바랍니다. 우리의 일상이 당신의 일상과 만나기를, 그리하여 또 다른 삶의 상상력이 되기를 꿈꿉니다.

전시회라는 것이 평소와 다르게 여러 사람에게 하고 싶은 이야기를 전하는 일이다 보니 '우리는 무엇을 전하고 싶은가'를 생각했다. 사진전 주제나 제목은 주로 신범이 정했다. 올해의 주제는 만남의 씨앗. 그 말을 들으니 농사지으며 받아 두었던 씨앗을 사람들에게 보여 주고 싶었다. 보통 사람들은 마트에서 판매하는 채소나 모종으로 판매되는 작물의 모습만 보게 되니 사실 그 씨앗이 어떻게 생겼는지 알기 어렵다. 나는 사람들에게 그 씨앗이 실은 이렇게 작고 이런 모양으로 생겼으며 이렇게나 다양하고 신기하다고 눈으로 보고 손으로 직접 만져 보는 시간을 만들어 주고 싶었다. 씨앗을 잘 볼 수 있고, 원하면 손을 넣어 만져 볼 수도 있었으면 하는 마음이었다.

그걸 구현하면서 비용이 들지 않는 방법을 고민한 끝에 사람들 집에 쉽게 있을 법한 소주잔을 떠올렸다. 여기저기서 소주잔을 빌리고도 부족해서 비슷한 크기의 작은 유리잔도 여러 개 빌렸다. 잔에 씨앗을 담고 아래에 깔아 둘 종이에 각각의 이름과 어디서 받아 왔는지 누가 어디서 키웠는지 이력을 써 놓았다. 낮은 책장에 흰 종이를 깔고 유리잔을 두 줄로 줄 세웠다. 유리잔마다 씨앗을 한 움큼씩 담았다. 씨앗들이 눈으로 손으로 연결되는 새로운 인연을 만나길 기대하며 이 씨앗들은 어딘가에서 대량으로, 상품으로 재배되는 것이 아니라 어느 농부에게서 다른 농부에게 이어지고 해마다 그 땅에 적응하고 씨앗이 되었다가 다시 자라는 작물이라는 사실을 이야기하고 싶었다.

참깨보다 작은 씨앗, 동그랗고 까만 씨앗, 동그랗고 붉은 씨앗, 길쭉한 씨앗, 뾰족한 씨앗. 각각의 씨앗이 제 색을 모두 보여 주고 자기가 살아온 이야기를 하는 작은 공간 한편에는 한 해 동안 새롭게 만나게 된 사람들의 사진도 함께 전시했다. 외국에서 온 우퍼, 한국에서 온 우퍼, 농사짓는 삶이 궁금해서 온 농가행 사람들. 이렇게 한 해 동안 농사를 매개로 처음 만난 사람들이 많았기에 우리 농사와 일상이 그러한 만남을 위한 씨앗이었다는 생각이 들기도 했다.

세 번째 사진전 '제철을 만나다'는 2019년 3월부터 2020년 2월까지 1년살이를 담아 2020년 3월 1일부터 시작되었다. 2019년에는 양평에서 세 번째 농사를 지으며 여러 공부를 했다. 신범은 친환경 농업대학에 다녔고, 나는 양평에서 알게 된 사람들과 '절기서당'이라는 책 읽는 모임을 했다. 한 달에 한 번은 자연농을 배울 수 있는 지구학교에 다녀왔다. '절기' 공부를 하며 농사에 제철이 있음을 알게 되었고, 신범은 한 해 동안 절기마다 밭 사진을 찍었다.

2020년 3월 1일, 세 번째 사진전을 준비하며

사진전을 준비하며 지난 1년을 돌아봅니다. 날이 좋아서, 날이 좋지 않아서 일희일비하며 휘청거렸던 나날들. 아찔합니다. 그런 날들을 사진으로 뽑아 보고 글로 써 봅니다. 이렇게 남겨 놓은 기록과 기억이 앞으로도 계속 살아갈 시골 생활에 나름의 밑거름이 되기를 바라면서요.

작년의 기록 중 하나는 24절기입니다. 농사를 짓다 보니 언제 작물을 심을지, 어떤 준비를 해야 하는지 알맞은 때를 아는 게 필요했습니다. 잊고 있던 오래된 지혜를 들추어 보았습니다. 절기마다 어떤 일이 일어나고 무엇을 해야 하는지 알아 가는 시간이 재미있었습니다. 절기마다 우리 밭이 어떻게 변해 가는지 지켜보는 재미가 있었습니다.

과거의 지혜를 따라 움직여 보지만 사시사철 구분 없는 요즘에 익숙한 것이 사실입니다. 알맞은 때, '제철'의 기준을 어디에 두어야 할까요. 우리와 가장 가까운 우리 밭 작물들이 자라는 모습을 들여다보고 먹으며 나름의 제철 감각을 찾아보는 중입니다.

우리의 제철을 찾아가는 과정에 많은 친구, 손님, 우퍼를 만났습니다. 자연에 가까운 농가와 밭에서 추우면 추운 대로,

더우면 더운 대로, 이상하면 이상한 대로, 그때의 계절 감각을 함께 느껴 준 모든 사람에게 고맙습니다.
우리의 일상이 당신의 일상과 만나기를, 그리하여 또 다른 삶의 상상력이 되기를 꿈꿉니다.

이런 여는 글 뒤에는 1년살이를 정리한 보고서와 1년의 절기를 정리한 표를 붙여 두었다. 절기 이름을 적은 밭 사진을 순서대로 놓고 시기마다 했던 밭 작업이나 제철 작물의 사진을 옆에 나열해 보니 시작한 그 모습으로 다시 돌아오는 밭의 1년살이가 눈에 들어왔다.

절기는 오랜 시간 수많은 사람의 반복된 경험으로 만들어 낸 규칙성이다. 경험에서 도출되었기 때문에 삶과 농사와 더 밀접하다. 사실, 도시에서 살 때는 절기와 상관없이 건물 안에서 살아가는 도시인이라 관심이 없었다. 하지만 농사를 짓고 좀 더 자연에 기대어 살다 보니 해의 길이에 맞추어 일어나는 시간도 달라지고 농사일과 연관된 절기도 자주 들여다보게 된다. 곡우가 지나 밭에 씨앗을 뿌리고, 입하가 지나면 모종을 내다 심고, 비가 내리는 절기, 서리가 오는 절기, 더위가 오는 절기 등이 연말정산 시즌이나 크리스마스 시즌보다 익숙해졌다고나 할까.

1년에 한 번씩 세 번 사진전을 하다 보니 이제는 모르는 사람들도 알음알음 찾아오기도 하고 그간 넓어진 인간관계 덕분에 새로운 사람들도 찾아오기 시작했다. 사람이 제일 힘들지만 사람이 제일 힘을 준다고 하던가. 함께하고 싶지만 혼자 있고 싶은, 굳이 정리해서 사진전을 열지만 동네방네 알리기는 어려워하는 모순 덩어리인 우리를 어떻게 알고 찾아오는지 도대체 모르겠지만 그렇게 조금씩 사진전이 커지고 있었다.

2020년에 유행한 코로나19로 많은 사람이 일상을 잃었다. 다행히 우리는 정말 작은 동네에 살고 있어 사람을 만날 일도 많지 않았고, 집 바로 앞에 밭이 있어 농사와 함께하는 우리의 삶 대부분을 그대로 이어 갈 수 있었다. 하지만 그동안 너무나 당연해져 버린 서울의 농부시장과 매달 새롭게 만나던 우퍼들은 그대로 유지될 수 없는 일상에 속해 있었다. 모두의 일상을 다시 바라봐야 하는 시기, 우리는 농사짓는 삶, 마스크를 쓰지 않고 살 수 있는 작은 자유에 감사하며 어떻게 이런 일이 우리에게 일어날 수 있었나 생각하게 되었다.

부모님도 농사를 짓지 않으시고, 땅도 없고, 상업적인 농사 경험도 없는 두 사람이 무슨 배짱으로 농사를 짓겠다고 나섰을까. 처음 시작은 '안 되면 말지. 한번 해 보자!' 하는 가벼운 마음이었던 것 같은데 어느새 땀을 뻘뻘 흘리며 안간힘을 쓰고 있다. 만 4년, 농사 5년 차. 다섯 번째 농사를 준비하며 아주 길지는 않지만 그렇게 짧지도 않은 이 시간 동안 어떻게 버티고 견디고 나아갈 수 있었는지. 아마 곁에 있어 준 사람들 때문이 아닐까.

우펑을 하며 만난 우리의 오래된 미래 같은 제프와 힐러리. 그동안 만났던 놀라운 우퍼와 친구들. 우리가 배우고 흉내 낼 수 있도록 자신이 가진 것을 마음껏 내주는 선배 농부들. 우리가 하는 일을 응원해 주고 지켜봐 주는 사람들. 그렇게 많은 사람이 우리와 함께해 주었기 때문에 지금의 우리가 가능하다는 생각으로 네 번째 사진전을 열었다. 제목은 '같이 걸을까'. 그리고 사진과 함께 1년 동안 틈틈이 찍은 짧은 동영상과 농기구 등 우리를 담은 것들을 모아 사진전 대신 모둠전이라는 이름을 붙였다. 해마다 다른 전시회의 주제와 이름은 신범이 오랫동안 고민해서 내놓곤 한다. 올해는 사진전이 아닌 모둠전이기 때문에 놀러 오는 사람들하고 같이 전을 부쳐 먹자는 말에 고구마전, 쑥전 등 갖가지 전을 만들기로 했다. 웹 포스터를 만들려고 그간의 사진을 뒤져 '같이 걸을까'라는 제목에 딱 어울리는 사진을 찾았다. 해마다 찾아오는 우퍼 재성 씨와 신범이 함께 산책하는 뒷모습을 찍은 사진이었다.

가장 하고 싶었던 것은 우리에게 선배이자 선생님, 친구와 동료가 되어 준 많은 사람을 사진전에 담는 것이었다. 여러 방식을 고민하다가 지도를 떠올렸고, 대가 없이 본인의 삶 한 부분을 우리와 공유하는 놀라운 사람들에게 감사의 인사를 전하며 지도에 우리를 농부로 키우고 있는 사람들을 표시해 보았다.

2021년 3월 20일, 네 번째 사진전을 준비하며

조금은 달라진 지난 1년을 보냈습니다. 굳이 말로 설명하지 않아도 될 만큼 모두 어려운 시기를 보내고 있습니다. 이 어려움을 이겨 내고 이런 상황이 다시 찾아오지 않도록 우리의 일상에 새로운 기준이 필요하다는 사실을 깨닫고 있습니다. 달라지지 않는 것이 있습니다. 우리가 농사를 짓는다는 사실입니다. 무서운 대유행 속에서도 시골구석 작은 밭

한 귀퉁이에 앉아 해 오던 일을 계속할 수 있다는 것이 감사했습니다. 모두의 일상에 누구나 누릴 수 있는 텃밭이 있다면 좋겠다는 생각도 들었습니다.

동시에 우리는 어떻게 농사를 시작했고 지금까지 이어 올 수 있었을까 생각했습니다. 가장 큰 이유는 우리의 농사짓고자 하는 마음을 들어 주고 이끌어 주고 함께 걸어가 준 사람들 덕분이었습니다. 직접 만날 기회가 차단되었을지라도, 마음으로 연결되어 있음에 감사하고 위안을 삼고 있습니다.

어려운 상황에도 서로의 안전을 염려하며 조심스럽게 찾아와 저희와 함께 몸을 한껏 움츠려 땅과 가까워지는 시간을 보낸 모든 사람에게 고마운 마음을 전합니다.

편히 만나 같이 걷는 날을 기다리며.

우리의 일상이 당신의 일상과 만나기를, 그리하여 또 다른 삶의 상상력이 되기를 꿈꿉니다.

코로나19로 사람을 만나기가 어려운 시절이라 전시회는 기간을 반으로 줄였고, 사람들에게 보러 오라고 이야기를 하기도 어려웠다. 그렇지만 전시를 준비하며 우리에게 큰 영향을 준 선배 농부들에게는 이런 내용으로 전시를 한다고 소식을 전했다.

지도가 아주 크지 않아서 지도 위에 모든 농부와 친구 이름을 적을 수는 없었다. 고민 끝에 지도에 압정으로 위치를 표시하고 이름표는 지도 바깥에 붙인 후, 지도에서 이름표까지 잇는 연결선을 만들기로 했다. 얼마 전 농장에 방문했던 진형 씨가 재미있는 곳에 써 달라고 조금 나누어 주고 간 아웃도어용 자투리 끈을 이용했다.

찾아와 직접 사진을 봐 준 사람들, 마음으로 함께해 준 사람들 모두가 우리를 키워 준 삶의 동반자였다.

햇수로 6년, 다섯 번째 전시를 준비하며 이 전시를 지속하는 이유가 무엇인지 질문을 던져 보았다. 이제는 익숙한 내용과 익숙한 풍경이 되어 버린 농사 이야기와 밭 사진, 작물 사진을 가지고 우리는 무슨 이야기를 더 나눌 수 있을까. 아니, 무슨 이야기를 하고 싶은 걸까.

결국 이곳에서 보낸 시간 동안 계속 마음에 품고 있었던 질문 '우리가 농부로 살 수 있을까'를 사진전 주제로 잡고 준비했다. 우리 이야기도 하고 싶었지만 다른 이들의 이야기를 듣고 싶어 질문을 던졌다.

나는, 우리는 농부로 살 수 있을까요.
당신은 농부로 살 수 있을까요.

2022년 6월 21일, 다섯 번째 사진전을 준비하며

'우리가 농부로 살 수 있을까?'

도시에서 33제곱미터 텃밭을 가꾸던 두 사람이 문득 하게 된 생각입니다. 규모가 어느 정도든 우리 삶에 농사가 기본이면 좋겠다는 사실에 서로 공감했습니다. 도시보다는 농사짓기 좋은 시골로 삶터를 옮겼습니다.

흙에 씨를 넣고 가꾸고 수확을 해서 먹습니다. 남는 것은 농부시장 직거래와 꾸러미로 판매합니다. 농업 경영체 등록을 했습니다. 청년 농업인 정착 지원을 받았습니다. 행정상 농업인 등록이 되어 있고 소비자에게 농부 또는 농민이라 불리기도 합니다.

'우리가 농부로 살 수 있을까?'

지난 5년간 농사지으며 살아 온 두 사람이 마음에 계속 담아 둔 질문입니다. 예상하기 어려운 자연환경, 노동에 쉽게 지치는 몸뚱이, 신경 쓰이는 외부의 말과 시선 등 약한 바람에도 흔들리는 키 큰 호밀처럼 마음의 흔들림이 이어지고 있는 것이 사실입니다.

농부면서 농부로 살 수 있을까 고민하는 것. 뿌리를 조금 더 단단하게 하는 과정이라고 생각해 보려 합니다. 농사짓는 삶이 꺾이지 않도록 이야기를 들어 준, 땀을 흘려 준, 작물을 먹어 준, 오고 가며 곁에 서 준 모든 사람에게 감사의 마음을 전합니다.

우리의 일상이 당신의 일상과 만나기를,
그리하여 또 다른 삶의 상상력이 되기를 꿈꿉니다.

우리가 발신한 질문에 성심성의껏 대답해 준 사람들이 있었다. 더운 날 더운 집에 찾아와 시원한 해답이 없는, 해결책 없는 고민을 듣고 본인 이야기를 해 주고 우리를 응원해 준 사람들. 그 응원을 서로가 받고 힘을 얻을 수 있기를. 함께하는 모두가 소중하고 감사하다.

겨울이 되어 한 해의 농사를 얼추 마무리하고 평가 회의와 새해 계획을 할 때면 다음 사진전은 이떻게 해야 할지도 이야기한다. 이미 해 왔던 다섯 번의 사진전에서 할 만한 이야기는 다 한 것 같았다. 첫 번째 사진전인 '반갑다, 친구야'에서는 이사 첫해 우리를 만나러 찾아온 친구들의 이야기를 풀어냈고, '만남의 씨앗'에는 작물의 씨앗을 만나고 우리도 씨앗이 되었으면 했던 소망을, '제철을 만나다'에는 농사를 배우며 절기라는 '제철'을 알게 된 순간을 담았다. 코로나19로 거리두기를 하며 우리가 동료와 맺는 관계를 간절하게 소망했었다는 사실을 깨닫게 된 것을 '같이 걸을까'에서 말했고, 그동안 농사지으며 가슴에 품어 온 질문인 '우리가 농부로 살 수 있을까'에서는 사람들에게 질문을 던지고 대답을 들으며 힘을 얻기도 했다.

다시 사진전을 한다면 무엇을 보여 주고 싶은지, 이제는 정말 사진전을 그만해야 하는 건 아닐지 여러 생각이 들었다. 이 책을 마무리하는 시기에 사진전을 준비하며 우리가 왜 농사를 짓는지 떠올려 보았다. 농사를 짓는 삶을 택한 것도, 농사 공부를 하고, 농사를 매개로 사람을 만나고, 이렇게 사진전을 여는 것도 모두 농사가 '재미있기' 때문이나. 농사를 지으며 만나는 찬란하고 아름다운 순간에 매료되었기 때문이다. 그 모든 순간, 예쁘고, 멋지고, 슬프고, 즐겁고, 재미난 그 모든 순간을 보여 주고 싶어 그 어느 때보다 많은 사진을 인화해 벽에 붙였다. 다음은 여섯 번째 사진전 '농사가 재미있어서'의 여는 글이다.

2023년 6월 22일, 여섯 번째 사진전을 준비하며

300평 약 1000제곱미터 작은 밭. 한눈에 들어옵니다. 눈을 감으면 밭이 머릿속에 펼쳐집니다. 자려고 누웠다가 내일 또는 이번 주 할 일을 떠올리며 밭 구석구석을 들여다봅니다. 그러다가 생각은 어느새 다음 계절로 가닿습니다. 이것은 저렇게 저것은 여기에. 아쉬운 부분이나 새로운 구상이 떠오르면 멀리 내년으로 시간을 훌쩍 뛰어넘습니다.

상상하고 그립니다. 그리고 몸을 움직여 생각한 것들을 밭에 구현합니다. 이 과정이 재미있습니다. 농사가 재미있습니다.
'우리가 농부로 살 수 있을까'라는 질문으로 사람들과 대화를
나누며 다시 깨달았습니다. 농사짓는 우리의 삶이 재미있구나.
기쁘구나.

밭에 앉아 흙과 풀을 만지는 것, 씨앗에서 싹이 트는 순간,
작물이 훌쩍 자라서 수확할 수 있을 때, 바로 수확해서 먹는 맛,
우리 작물을 맛있게 먹는 사람들을 만날 때, 햇볕 아래에서 땀
흘리는 것, 허리 펴면서 바라보는 풍경, 자연에 가까이 있는 것,
자연을 보고 떠오르는 것을 글로 남기는 것, 많은 사람과 만나
함께 일하고 농사 이야기를 나누는 것. 우리를 채우는 이 모든
순간이 소중합니다.

저희 두 사람이 좋아하는 한 농부님의 이야기가 떠오릅니다.
"농사 25년 지었는데 점점 재미있어져요." 우리도 그 길을
따라가고 싶습니다. 오늘도 이 자리에 찾아와 재미난 순간을
만들어 주어서 감사합니다.

우리의 일상이 당신의 일상과 만나기를,
그리하여 또 다른 삶의 상상력이 되기를 꿈꿉니다.

더운 여름, 닦아 내는 게 의미 없을 정도로 땀을 흘리며 일하다가 고
개를 돌렸을 때, 한참을 구부리고 있어 저릿한 느낌이 오는 등과 어

깨를 펴고 하늘을 올려다볼 때, 어느 순간 나를 사로잡는 아름다운 풍경이 있다. 조금씩 매일매일 농사짓는 작물을 손질하고 저장해 내 밥상에 올릴 때 느끼게 되는 뿌듯함이 있다. 때로는 열심히 가꾸던 작물이 벌레나 동물에 먹혀 슬프고 화가 치밀기도 하지만, 그 때문에 우리 밭에 사람 이외의 존재가 함께 살아간다는 사실을 깨닫게 되는 순간이 있다. 이 사진전에는 우리가 만나는 모든 순간이 우리 삶의 재미가 되기를 바라는 마음을 담았다.

일곱 번째 농사가 한창인 여름, 여섯 번째 사진전이 끝났다. 둘이서 어떻게든 해 보겠다고 무작정 농사를 시작했다. 책을 보고, 공부하고, 둘이 머리를 맞대고 결정하고, 실험하고, 도전하고, 실패하고, 기록하고, 다시 해 왔던 시간들. 마르쉐@에 나가고, 우퍼를 만나고, 지구학교에 다니고, 어떻게 살아가야 할지 고민해 왔던 시간들이 여섯 번의 사진전에 담겨 있다. 우리를 찾아왔던 많은 친구와 우퍼, 사진전을 보러왔던 손님들이 눈앞에 스쳐 지나간다. 앞으로 우리의 삶이 어디로 갈지 모르는 것처럼 아직 내년 사진전이 어떻게 될지 알 수 없다. 다만 지금 이 자리에서 우리가 맞이하는 시간을 충실히 살아 내자고 다짐할 뿐이다.

우리의 첫 우퍼 재성 씨.
해마다 찾아와 추억을 쌓는 중.

농사를 매개로 다양한 활동을
하고 있는 욜란타를 보며
그저 감탄할 뿐이다.

스위스에서 농사짓고 있는 샬럿.
언젠가 그녀의 농장에 가 보고 싶다.

우퍼에서 친구로, 꾸러미 식구로 다양한 모습으로 함께 해 주는 유쾌한 친구, 영삼과 샌디.

이렇게 풀이 가득한 논이라니! 지구학교의 논은 그곳에서 살아온 풀과 작물의 역사가 켜켜이 쌓여 있는 곳이다.

시골집 손님방에서 열리는 사진전은 조촐하고 사소하지만, 방문하는 사람들이 우리의 이야기에 귀 기울여 주고 공감해 주기 때문에 해마다 열고 있다. 우리의 1년을 정리하고, 1년마다 이곳을 찾는 친구들의 이야기를 쌓아 가는 사진전. 다음에는 무슨 이야기를 할 수 있을까.

우리의 큰 지지자인 '유기농펑크' 이아롬.

해마다 새로운 추억을 만들고 있는 우퍼 지선과 이지.

글을 마무리하며
우리는 농부일까? '농부'라는 단어를 생각한다

우리는 농부일까. 나 자신을 종합재미농장의 안정화 농부라고 소개하면서도 계속 가지고 있는 의문이다. 농사일을 하지만 농사만으로는 충분한 수입이 생기지 않기에 계속 돈이 되는 일을 따로 하고 있다. 다행히 우리가 빌린 땅이 농업인으로 등록할 수 있는 법적인 기준보다 커서 신범은 농업인으로 등록해 가능한 지원을 받고 있다. 농업 경영인에 나도 같이 등록할 수 있지만 다른 일을 하기 위해 이름을 올리지는 않았다.

사실 대다수 여성 농민, 특히 배우자와 함께 농사일을 하는 여성들은 소득을 위해 다른 직업을 가지고 있는 경우가 많다. 그래서 부부 둘 중 농업인으로 등록하거나 판매하는 주체는 대부분 남성이 되기 때문에 '전업농'에 해당하지 않는 배우자 여성의 이름에는 농민이라는 호칭이 붙는 게 어색한 경우도 많다.

농업 지원 정책 대부분이 기계를 사거나 시설을 만드는 걸 돕는 방식이지만 몇 년 전에 처음으로 농사를 시작하는 청년 농업인을 대상으로 직접 생활비로 사용할 수 있는 영농 정착 자금을 보조해 주는 사업이 생겼다. 돈을 받는 만큼 의무가 생기는 것이라 얽매이고 싶지 않다고 생각했다. 첫해에는 지원하지 않았지만 주변 사람들 이야기를 듣고 경제적으로 많은 도움이 될 것이라 생각해 지원했고, 3년간 지원을 받았다. 도움을 받는 만큼 이수해야 하는 교육이 많아서 신범이 고생을 하기도 했다.

통계 숫자를 보며 농업 소득만으로는 삶을 지속하는 게 불가능하다는 걸 알고 이사했기 때문에 수입을 위한 일을 따로 하기로 마음먹었지만 두 가지 일을 모두 손에 붙들고 간다는 게 쉬운 일이 아니다. 돈을 벌기 위한 일을 하다 보면 내가 왜 여기서 이런 일을 하고 있지, 내가 하고 싶은 건 이런 게 아니었는데, 하는 생각이 들 때도 있다. 농사일을 하면서 돈을 벌 방법을 고민하다가, 이럴 거면 그냥 회사 다니고 말지, 싶을 때도 있다.

어떤 사람들은 농사로 먹고살지도 못하는 너희가 어떻게 농부냐고 말하기도 한다. 우리도 느낀다. 농부라는 이름에 담긴 무게를. 식량을 생산하고 있다는 사회적 책임감을 가지고 농사짓는 많은 농부가 있다는 것을 안다. 농업과 농부를 사회적으로 좋은 선택이라고 인정해 주지 않는 우리나라에서 그럼에도 불구하고 농사를 자신의 일로 택한 사람들은 얼마나 고집쟁이일까. 그 안에 품고 있는 무언가를 지키려 애쓰며 살고 있으리라 짐작할 뿐이다.

　하지만 그나마 관심을 가지고 있는 사람들, 농사에 한 발 담그려 애쓰는 사람들에게 너는 이래서 농부가 아니라고 선을 긋는 것이 과연 지금의 농부와 농업에 도움이 될까 하는 의문도 있다. 가짜로 등록해서 지원금을 타 가는 사람들과는 당연히 선을 긋는 것이 맞다. 그래서 알면 알수록 더 헷갈리고 어렵다. 우리가 어떤 이름표를 달아야 할지.

누군가는 우리에게 농부냐고 반문하지만, 누군가는 우리를 젊은 농부라 호칭하며 젊은 농부의 이야기를 궁금해한다. 나는 묻고 싶다. 사람들이 젊은 농부에게 바라는 것은 무엇인지. 무엇을 보고 싶어 우리를 취재하고 싶은지. 아니, 우리뿐만 아니라 고군분투하고 있는 농촌에 적응하려 애쓰는 젊은이들에게 듣고 싶은 이야기와 보고 싶은 그림이 무엇인지 말이다.

　나는 우리 같은 젊은이들이 농업 농촌과 도시를 연결하는 연결고리가 될 수 있다고 본다. 어쩌면 농업·농부·농사의 개념에 균열과 의문을 불러일으켜 사람들이 그 의미를 한 번 더 생각해 보게 만드는 것. 이것이 우리의 역할 아닐까.

　솔직히 도시에서 집이 없어 이리저리 이사 다니는 삶과 농촌에서 농지가 없어 불안정한 삶은 닮았다. 시골에서는 부지런하면 굶지는 않는다지만 자본이 부족한 사람들에게는 시골살이라고 크게 다르지 않다. 내 집이 없다는 것처럼 내 땅이 없다는 것이 주는 불안과 걱정이 분명히 있다. 힘들지 않다고 장담하지는 못한다. 그래도 내가 몸을 움직여 일하면 자라는 것이 있고, 거둘 것이 있고, 먹을 것이 있다는 기쁨이 있다. 내 몸과 존재가 내 일과 삶에 연결되어 있다는 기쁨이 있다.

그래서 도시 생활을 정리하고 시골살이를 꿈꾸는 사람들에게는 자기가 견딜 수 있는 일과 견딜 수 없는 일을 잘 파악해야 한다고 말하고 싶다. 자신에게 중요한 것을 잘 알고 지키면서 살아갈 수 있다면 어디든 마찬가지니까. 우리는 농부라 불리거나 불리지 못하거나 농사를 지으며 살아가기로 했다. 그 길 위에 있으면 된 거지.

"그래도 이렇게 살아가기로 했어요."

그 모든 답답함을 뒤로하고 우리는 그래도 농사를 짓기로 했다. 재미있어서, 보람을 느낄 수 있어서, 그리고 이 일이 꼭 필요하다고 생각해서. 우리가 짓는 농사가 생업으로 우리를 먹여 살리는 형태가 될지, 단지 우리의 먹을거리를 생산하기 위한 텃밭이 될지는 모를 일이다. 앞으로 계속 지켜봐야지.

자연과 함께하는 삶을 꿈꾸고 있다. 나의 삶을 유지하게 하는 먹을거리가 누구에게서 오는지 알고, 어떻게 키우는지 아는 삶을 꿈꾸고 있다. 나에게 주어진 것을 함부로 다루지 않고 부족함을 감사히 받아들일 수 있는 사람이 되고 싶다.

몇 년 동안 기억에 남고 재미있었던 일을 모아 정리하고, 오랜 기간 들어 온 질문을 모아 답을 썼다. 우리가 시도해 본 것, 우리에게 좋았던 것을 나누고 싶었다. 유려하고 멋있는 문장으로 우리 경험을 정리하고 싶었지만 읽고 또 읽다 보면 부족한 부분만 보인다.

이 책을 쓰면서 나는 도대체 무엇을 말하고 싶은지 계속 고민해 보았다. 우리처럼 맨땅에 헤딩하듯 도시를 떠나 시골로 삶터를 옮기는 젊은이들. 숨통 트이는 곳을 찾아 자신의 가능성을 믿고 시도해 보는 사람들에게 무엇을 이야기할 수 있을까.

언젠가 읽은 책에서 마음에 남은 글귀가 떠올랐다.

> 우리는 우리의 경험을 하나의 이야기로서 누군가에게 말할 필요가 있는데, 이때의 이야기는 미래를 담는 그릇을 품고 있다. 우리가 말하는 과거의 이야기는 스스로 바라는 남은 삶의 방식을 지시한다.
>
> 이야기가 미래를 담는 그릇이 된다는 사실을 받아들이는 순간, 이야기하기는 삶의 태도를 선택하는 일이 된다. 우리는 다른 식으로가 아니라 그런 식으로 이야기함으로써, 다른 식으로가 아니라 그런 식으로 살기로 마음먹었음을 나도 모르는 사이에 고백한다.
>
> — 제현주, 《일하는 마음》 중에서

이 이야기에 나는 어떤 미래를 담아 낼 수 있을까, 생각하니 시니컬하게 적어 내려간 문장을 다시 손보게 된다. 방어적으로 변한 내 마음도 도닥이면서.

우리는 절대 정답이 아니다. 비유하자면 모의고사 오답 노트 같은 것이겠지만 또 어떤 사람들은 우리의 좌충우돌을 참고해서 좀 더 많은 것을 시도해 볼 수 있지 않을까. 우리도 막막하고 답답할 때 선배들 이야기를 듣고 그들이 지나온 길을 돌아보면서 조금은 편하게 해온 부분이 있었다. 우리보다 더 잘해 나갈 사람들이 부럽기도 하다. 모두 즐거운 시골 생활이 되기를 바란다.

더위로 가득 찬 여름을 보내고 있다. 태양이 뜨거움을 넘어 따갑게 느껴지는 한낮을 피해 아침 일찍 밭에 나가 일해도 어느새 온몸이 흠뻑 젖는다. 야외 활동을 자제하라는 문자가 몇 개 연달아 온다. 하루 이틀도 아니고 몇 주간 계속되는 폭염을 대면하는 농부는 어떻게 살아야 할까.

올해 초에 새해맞이로 시작한 달리기를 떠올린다. 매일 하는 간단한 스트레칭으로는 더할 수 없는 체력을 키우고자 달리기를 시작했다. 달리기 전에는 하기 싫어 죽겠는데 막상 하고 나면 개운하다. 몇 달 해 오던 달리기는 어느새 여러가지 핑계로 멈추어 버렸지만, 여름이 지나 날씨가 선선해지면 마을 길을 다시 달려야겠다. 언젠가 이 시간이 쌓여 하루라도 더 농사짓는 삶을 유지하는 데 도움이 되면 좋겠다.

함께 읽어 봅시다!

종합재미농장의 추천 도서

후쿠오카 마사노부,
《짚 한오라기의 혁명》,
녹색평론사

자연농법의 창시자인 후쿠오카 마사노부가 그의 생각과 경험을 정리한 책으로, 대표적인 자연농법 입문서다. 자연농법의 4대 원칙인 무경운, 무비료, 무농약, 무제초에 관한 설명과 함께 자연농법이 무엇인지 들려준다.

아라이 요시미·가가미야마 에츠코,
《가와구치 요시카즈의 자연농 교실-무경운, 무비료, 무농약, 무제초의 실전 노하우》,
정신세계사

자연농의 개념과 기본 원리부터, 많이 키우는 채소와 벼·보리의 실제 농사 방법도 정리되어 있는 실용서다. 아키메 자연농학교를 운영하는 농부 가와구치 요시카즈의 농사법이 아주 자세히 소개되어 있다. 밭을 만드는 방법과 씨 뿌리는 방법, 1년 농사계획을 세우는 법, 각각의 작물 농사법을 사진과 그림으로 설명하고 있어 자연농을 실행하는 데 많은 도움이 되는 책이다. 가와구치 요시카즈가 쓴 《신비한 밭에 서서》(들녘)도 많이 알려진 자연농 관련 책이다.

장영란,
《농사꾼 장영란의 자연달력 제철밥상》,
들녘

자급자족하는 시골살이를 꿈꾸는 사람이라면 누구나 읽어 봐야 하는 책이라 생각한다. 장영란 농부의 10년이 담겨 있는 책으로, 2004년에 첫 출판되었지만 20년이 지난 지금에도 유용하다. 절기에 따라 해야 하는 농사일, 채집과 제철 먹을거리에 관해 자세하고 친절하게 알려 준다.

김동철·송혜경,
《절기서당 —
몸과 우주의 리듬 24절기 이야기》,
북드라망

절기가 무엇인지 배우고, 절기에
따른 1년의 흐름을 공부할 수 있는
책이다. 태양의 흐름에 따라 1년을
24개로 나눈 절기는 농사에 요긴하게
쓰이지만, 농사에만 쓰이는 달력은
아니다. 책은 태양의 움직임에
따라 일어나는 지구의 변화와
사람에게까지 연결되는 자연의
흐름을 잘 설명하고 있다.

고금숙,
《망원동 에코하우스》,
이후

도시에서 생태적인 삶을 살고 싶은
저자의 이야기. 사기 위한 집이
아니라 살기 위한 집을 고르고, 집안
곳곳을 생태적으로 바꾸기 위해
노력한 저자의 경험이 친환경적인
삶이란 무엇인지 생각해 보게 한다.

시오미 나오키,
《반농반X의 삶 —
자연 속에서 자급자족하며
좋아하는 일을 추구하다》,
더숲

저자는 성장의 한계와 다양한
사회문제가 나타나는 지금 이 시대에
어떻게 살아가야 할지 고민한 끝에
새롭게 발견한 삶의 방식을 책에서
보여 준다. '반농'은 작은 농사를 지어
식량을 자급하고, '반X'는 개인이
가진 재주를 이용해 사회에 참여하고
수입을 만드는 작은 일들을 의미한다.
자급형 농사와 더불어 공동체와
연결된 다양한 일을 하면서
나 자신을 위한 삶을 구성할 수
있다는 대안적 삶을 제시한다.

제현주,
《일하는 마음 —
나를 키우며 일하는 법》,
어크로스

왜 우리는 일을 하는 것일까. 일은
단순히 돈을 벌기 위한 도구가 될
수도 있지만 가끔은 나를 구성하는
일부가 되기도 한다. 일을 어떻게
정의할지, 일과 나와의 관계는
어떻게 만들지 깊이 생각해 볼 수
있는 좋은 문장이 가득한 책이다.

조지프 코캐너,
《잡초의 재발견》(eBook),
우물이 있는 집

미국에서는 1950년, 우리나라에서는 2013년에 출판된 이 책은 잡초의 새로운 가치를 알려 주고, 잡초에 대한 부정적인 인식을 바꾸어 준다. 처음 읽었을 때 꽤 충격을 받았던 기억이 있다. 2023년 현재 절판된 상태지만, 전자책으로 읽을 수 있다.

데이비드 몽고메리,
《발밑의 혁명 ―
쟁기질과 비료에 내몰린 땅속 미생물들의 반란》,
삼천리

미생물들의 반란이라니! 지질학자인 데이비드 몽고메리가 쓴 책으로, 세계 곳곳에서 실제로 흙을 되살리고 있는 이들의 이야기를 담았다. 농업이 환경 문제의 원인이 아니라 해결법이 될 수 있다는 희망적인 전망의 탄탄한 근거를 보여 준다.

다니엘 퀸,
《고릴라 이스마엘》,
필로소픽

'내가 아는 것'이란 무엇일까, 의문을 품게 해 준 첫 번째 책이다.

게이브 브라운,
《흙, 생명을 담다 ―
지속 가능한 재생농업 이야기》,
리리

농부 게이브 브라운은 우리의 삶이 땅을 기반으로 한다고 믿으며, 땅을 살리는 농사를 짓는다. 땅을 갈지 않고, 비료나 살진균제 같은 합성 화학물질을 뿌리지 않고, 자연이 스스로 어떻게 움직이는지 '관찰'하고 돕는다. 또 그가 알게 된 지식을 전 세계 농부들에게 전하려 애쓰고 있다. 책을 읽고 유튜브를 찾아보니 게이브 브라운의 강의가 꽤 많이 있었다.

오도,
《씨앗받는 농사 매뉴얼》,
들녘

작물 키우기 뿐만 아니라 씨앗 받는 방법을 가르쳐 주는 농사책. 농사를 지으며 자주 들여다 본다.

목수책방의 농사 책

기무라 아키노리, 이시카와 다쿠지,
《흙의 학교》

무농약 무비료로 '기적의 사과'를 만들어 낸 농부 기무라 아키노리가 들려주는 흙에 관한 쉽고 재미있는 이야기. 화분이든 텃밭이든 직접 식물을 기르고 있는 사람이라면 알아 두어야 할 흙의 관한 기본적인 정보는 물론이고, 인간을 포함해 생태계에서 혼자서 살아남을 방법은 결코 없다는 농부의 메시지가 묵직하게 다가오는 책이다.

진 록스던,
《거룩한 똥 ―
인류를 살리는 거름 이야기》

저자는 '똥오줌'이 본질적으로 '지속 불가능한' 농업과 먹을거리를 고민해야 하는 인류를 위해 반드시 이용해야만 하는 자원이라 주장한다. 배설물을 지혜롭게 이용할 수 있는 방법을 고민하는 이 책은 분뇨가 연결고리가 되어 농업뿐만 아니라 우리의 삶 속에서 '거의 완벽하게 지속 가능한 순환 시스템'이 구현되는 순간을 꿈꾼다.

장-마르탱 포르티에,
《소규모 유기농을 위한 안내서》

저자는 '소규모, 저비용, 저기술'을 특징으로 하며 수익성과 생산성이 높으면서도 '지속가능한 농업'을 추구하는 집약적인 소규모 유기농업이 어떻게 가능한지, 경험을 통해 터득한 실질적인 노하우를 들려준다. 책에는 소규모 땅에 적용할 수 있는 최적의 농사기술과 유용한 정보가 담겨 있다.

제시카 월리서,
《동반식물로 가꾸는
텃밭·정원 안내서》

병충해와 잡초를 줄이고, 지력을 높이며, 토양구조를 개선하고, 식물 재배에 이로운 곤충과 수분 매개 곤충을 불러들이는 방법으로 건강한 텃밭·정원을 만들고 싶은 이들을 위한 책이다. 과학적 연구에 근거한 다양한 동반식물 재배 전략을 소개하는 이 책은 텃밭·정원의 총체적인 다양성 확대가 중요하다는 사실을 강조한다.

농사가 재미있어서
―지속 가능한 삶을 꿈꾸는 종합재미농장 이야기

글·그림. 안정화
글·사진. 김신범

1판 1쇄 펴낸날. 2023년 8월 30일
1판 2쇄 펴낸날. 2025년 5월 20일
펴낸이. 전은정
펴낸곳. 목수책방
디자인. 스튜디오 폼투필
제작. 야진북스

출판신고. 제25100-2013-000021호
대표전화. 070-8151-4255
팩시밀리. 0303-3440-7277
이메일. moonlittree@naver.com
블로그. blog.naver.com/moonlittree
페이스북/인스타그램. moksubooks
스마트스토어. smartstore.naver.com/moksubooks

Copyright ⓒ 2023
안정화·김신범과 목수책방의 독점 계약에 의해 출간되었으므로
이 책에 실린 내용의 무단 전재와 무단 복제, 광전자 매체 수록을 금합니다.

ISBN 979-11-88806-42-3 (03300)
18,000원